Python・Colab・NLP入門

PythonとGoogle Colaboratoryではじめる自然言語処理

著者：井田 昌之

JN029377

近代科学社Digital

まえがき

　この入門書は、Python 初心者を対象にして書かれている。ただ、すべての手ほどきをする教科書ではない。Python のすべてを網羅しようとはしていない。むしろ、今日の IT の広がりに応じて広範囲になった機能のうち、Colaboratory を利用した NLP（自然言語処理）の分野、著者の近辺の分野、でのプログラミングに必要な要点をまとめて紹介をするように意図している。できるだけ簡潔な記述で、ページ数もなるべく増やさずに、説明することを心掛けている。一度読めば理解できるような入門部分、網羅的に Python の文法を学ぶことについては、別の文献、あるいはネットにある資料を使用してほしい。まったくプログラミングをしたことがない人を想定していないので、そうした人には、まず、簡単な経験をする、などをした上で、取り組んでいただきたい。

　プログラミングを習得する秘訣は、「試してみながら理解する」ことである。ほかの人が作ったプログラムを眺めて理解するのもよいことだが、それだけでは、プログラミングスキルの習得には不十分である。プログラムを見せられて、それをそのまま打ち込んで実行させるだけでは、プログラミングの本質的な理解には結びつかない。すでに作られ、使えるようになっているプログラムには、いろいろな配慮が含められている。初学者には、しばしばそうした配慮が理解のさまたげになることがある。便利になるようにしている配慮は経験を積まないと、「なぜそういうことを余分にしているのか」という点に気を取られて、肝心なそこでの習得目標につながらないことがでてくる。

　同時に、自分でマネしてテストしてみようという場合、することは決まっていて、それだけに集中できる。それを重ねていくことで実力をつけ、さまざまなプログラムの開発ができる自信へと次第につながっていく。本書では、実際に試してみることができるように、また本文の記述を裏付けるために、重要な事項ごとに、実際の実行例をできるだけ付した。それらをやってみることで順にハンズオンできるはずである。特に、自然言語処理 (Natural Language Processing, NLP) をしてみたいという人を、本書は意識している。Python には、毎日、新しい機能が追加されているといってもいい。そしてそれらすべてはコンピュータの利用方法全体にわたっていて、それらをいきなりカバーしようとすることはやめたほうがいい。また、分野によって必要とする機能には濃淡がある。むしろ学習する流れに注意を払うべきである。ある分野の入り口に到達できる前に息切れしては良くないから、本を選ぶときには、目次を見て、その本で学ぶと、どこからどこへ行こうとしているのかを理解して、順にそれにそって学習するのがいいと考えている。

　だから、試してみながら理解しよう。

　第 1 章では、基本的なプログラム開発についてのポイントを、第 2 章では、Python に取り組むうえでの Python の特徴を、第 3 章で、それらの上で、この先に進むのに必要な環境と Python 言語の機能について書いている。第 4 章では、実際にプログラムを開発するうえで利用するライブラリ機能のいくつかを紹介している。多数のそして広範な領域をカバーするライブラリが用意されているが、どれから取り組んでいくかは、その先にしたいこととも密接に関連する。文章テキストの統計的、人工知能的分析をイメージしており、次第にその方向性をつかんでもらおうと意識している。プログラマになるための入門というより、自然言語処理に意欲を持つ人を想定して

組み立てられていることを理解してほしい。そして、第5章から、Colabを使ったNLPプログラミングの実際に入っていく。

ようこそPythonの世界へ

2021年9月
井田 昌之

目次

第3章　Google Colab に親しむ

第4章　モジュールに親しむ

第5章　データファイルの読み書き

第6章　自然言語処理(NLP)する

第7章　WordCloudで直観を可視化

第8章　トピックモデリング

第1章

ことはじめ

1.1　Python豆知識

　まず、処理系のバージョンに注意する。Pythonの場合、以前は、Python2.0が使われていたので、仕様書・実際のプログラム例には、なおもPython2のものがある。また、現実に使われているシステムの保守あるいは拡張という要素があると、Python2からプログラミングの現場からは離れられないこともでてこよう。現在、多くはPython3.Xになっている。本書もPython3を対象としている。2020年10月にPython3.9がリリースされ、次はPython3.10になると予定されている。2008年にPython3.0が発表され、Python2からPython3への移行に一部非互換性があって、難儀を起こしたこともあったようだ。現在、それを開発者らは教訓として認識しており、今後の急なPython4への移行はないだろうと思っている。しかし、言語仕様の変更や、ライブラリの互換性には留意しておいたほうがいいだろう。構文則の拡張は3.Xの中でも存在する。仕事として開発する場合には、特定の仕様が前提となることもある。さらに、後述する「モジュール」にはそれぞれバージョンがあって、バージョン管理されている。そして、一般に、Pythonのような進化を続けているプログラミング言語では、新しいバージョンほど機能が追加され、改良されている。遠くから眺めると、これは、構文則としては安定させ、個別の機能はその外側で改良・拡張するという姿であり、それが成功している。

　だから、利用環境については本来注意する必要がある。しかし、「学習」環境の設定には別の考慮も必要になる。特定の利用を意図しているのではない場合、あるいは入門的な利用をする場合、最新版を常に使おうとすることには大きなハードルがあると思うべきである。というのは、最新版を求めるには、自分で利用環境をメンテナンスする必要がある。自分で新版のインストールする作業をいとわない必要がある。また、いろいろなツールや公開されているプログラムをそのままテストしてみようという場合、それら別々のものが前提としている「モジュール」のバージョンが違うということがある。例えば、プログラムAではその中で使っているプログラムBにはバージョン2.3を、プログラムCにはバージョン1.5を要求するが、別のテストしたいプログラムDでは、その中でバージョン1.9のプログラムBを、バージョン2.0以上のプログラムCを要求している、といったことである。現実に作られ、機能しているシステムは必ずしも最新版を使っているわけではない。また、新しい機能を供給しようとするプログラムは、土台として利用する「モジュール」も最新版を要求することも多い。

　また、2008年に、Python3.0が発表され、2020年には、Python2.7.18がPython2系の最終版だとされ、現在に至っている。Python2系での新規開発は多くないだろう。

　何を使うかということは、実務としてはプログラマの手に負える範囲ではないことが多い。開発環境の指定についても同様のことがいえる。学校においては、将来ある人たちの可能性を広げることが重要だから、できれば最新の道具の最新の開発環境でハンズオンするというのが基本的な考え方になる。しかし、そのためにさまざまなバージョン管理を自分でするのはおそらく不要なことである。

　したがって、できるだけ新しい機能を使いやすい利用環境を使って、そのバージョン管理の中で学習を進めるという選択が重要になる。また、試してみる範囲では、「無料」で手に入るというのも、学習の敷居を下げる。

　そうしたことから、Google が供給している Colaboratory(Colab) を本書では採用している。Colab では、現在、Python3.X ベースに、多くの「モジュール」がすでにインストールされている。必要なものを自分で追加インストールするのも容易である。本書後半の記述では、Gensim と spaCy がもっとも関係があるモジュールであるが、それらは特別にインストールせず利用している。バージョン番号は、本文執筆開始時、Gensim は、3.6.0、spaCy は、2.3.7 である。日本語解析に関連して GiNZA を spaCy の補完として利用しており、そのバージョンは 4.0.6 である。

　Colab には開発環境の性質があると同時に、プログラムコードを含めた文書作成環境でもある。すべてのことはサーバサイドで保持されるので、Chrome ブラウザを立ち上げるだけで利用できる。プログラムファイルやデータは、Google Drive を接続させて直接利用することができる。

　もうひとつ豆知識としては、だれが言語仕様の標準を決めるかという議論に触れておく。昔はプログラミング言語においても、JIS あるいは ISO 規格の大きな役割があった。しかし、多様なビジネス環境や新しいソフトウェア実施手法の展開などから、本来の意味での規格制定と批准というようなステップはとれなくなって久しい。また、プログラミング言語仕様の安定した維持・改良は、非営利法人の中で行われることが試行錯誤の中から多くなってきた。同時に、コンピュータやビジネスのはやりすたりもあるから、具体的な選択には、さらに、そういう要素も影響する。

　プログラミング言語とそれに付随する道具の進歩は、ある仕事をする上でよくみられる機能を、簡単な記述でできるようにする、基本的な共通機能は言語仕様の中に内在させるということがある。つまり、そのプログラミング言語に用意されている構文や機能には、さらりと、重要な技術的進歩が埋め込まれていることが多い。もちろん、逆に、あまり利用されなくなった機能については、すたれていくということでもある。良し悪しはあるが。なお、Python の言語仕様の説明は、もっとオブジェクト指向的に説明することができるし、それが本来の姿の理解につながる。けれども、これまでの経験から、著者から見た入門書としての解説のスタイルをとっている。

　最後に、Python プログラムの性質について、出発点となる簡単な範囲で触れておく。まず、Python プログラムの標準のファイルタイプは、.py である。Colab に与えるプログラムコードと文章テキストの組は、.ipynb である。

　また、Python は標準的にはインタプリタで実行される。したがって、実行されるその瞬間でも、テキスト的に見ることができるコードが存在し、それが解釈実行される。動的な環境や実行される機器に依存しないメリットがある。

　そういうさまざまな観点から、プログラミング言語の文法や機能を眺めてみるセンスも重要で、醍醐味がある。

1.2　Google Colaboratory を開いてみる

1.2.1　プログラミング言語の学びは、その道具に慣れることからはじまる

　本書では、Google Colaboratory、略称 Colab を使う。だから、Colab の使い方になじんでいなければ始まらない。Colab の使い方にもいろいろな流儀がある。ここでの方法がすべてではないし、熟達してくればもっと自分にとっていい方法を見つけることができるだろう。しかし、な

んといっても困るのは、本だけ読んでわかった気になること。実際にやってみて初めて使えるようになる。だから、試してみることを並行してやってみよう。

　どうやったら試してみることができるか？という疑問から出発しよう。慣れている人にとっても、ちょっと使わないと忘れるものだ。そういう場合には、この第一章を見なおしてみよう。

　では、さっそくやってみよう。といっても、さらにその前の前提がある。パソコンでChromeブラウザを使うこと、そしてGoogleアカウントがあること、わかりやすく言えば、Gmailが使えること、そしてGoogle Driveが使えること、これらが前提となる。

1.2.2　Colabを使う

　Colabの説明は第3章にあるので、細かな説明は後にして、Colabを使えるようにする手順をまず示そう。次のステップになる。

ステップ1　Chromeブラウザを開け、右上のGoogleアプリシンボル（3×3の九つのドット）を左クリックし、その中からGoogleドライブをクリックし、開ける。

ステップ2　中央上方に表示される「MyDrive」あるいは「マイドライブ」を左クリックし、プルダウンメニューを開き、続けて一番下のMore >をクリックすると、さらにメニューがでるので、そこから、Google Colaboratoryを左クリックする（図1.1）。

図1.1　Google Colaboratory (Colab) を開く

ステップ3　そうすると、左上に、Untitled0.ipynbなどといったタブがついたウィンドウが広がる。これがColabを開いた状態で、この上でこれから作業を進めていく。開かれているのが「ノートブック」である。Untitled0といった名前のまま使わないほうがいいから、最初にすることは名前の変更である。それをするには、ノートブック内左上の名前の部分へ静かにカーソルを移動し、「名前の変更..」などが浮かんで来るのを待つのが基本、でてきたら、右クリックして、名前を入れて変更をする。ipynbはColabのためのファイルタイプなので、その前のピリオドも含めて必ず残しておく。なお、.ipynbは歴史的経緯も含めた命名になっている。interactive

Python NoteBook の意味である。

　図1.2に例を示す。これは、ノートブックの名称を、MyFirstBook.ipynb としたノートブック
である（全体が見えるように横幅を縮めている）。

図1.2　ノートブックの初期画面

　もし、「ファイル 編集 表示 …」のヘッダが表示されていなければ、右上端の∨マークを押すこ
とで「ヘッダ」の表示・非表示を切り替えられ、そのマークをクリックすれば、図1.2のように表
示される。最初のうちはヘッダが表示されている方がわかりやすい。

　ここに、文章（テキスト）や、実行できるPythonプログラムコードを入力していく。標準的
には、まず、Pythonコードを入れられる場所、これをコードセルという、が一つ用意されてい
る。図1.2はその状態である。▷（黒丸に右向三角）が左に見える区画がコードセルになる。こ
のマークの横にプログラムコードを入力する。入力されたものは、▷をクリックすると、ただち
に実行される、正確に言えばインタープリト（解釈実行）される。その時に、このマークがどん
な状態になるのか見ておくとよい。

　プログラムの断片をそこでテストできる。たとえば、セルに、print(1+2)と入力して、実行さ
せると、その下に3が表示される（図1.3）。▷をクリックして、何度でも再実行できる。

図1.3　実行結果はすぐ下に

　クラウドに、現在見ているノートを自動保存してくれる。具体的には各自のGoogleドライブ
に保存してくれる。保存されていれば、「すべての変更を保存しました」という表示が、「ヘルプ」

の右横に現れる。それが表示されていれば、好きなタイミングでそのウィンドウを閉じれば終了。そうでなければ表示されるまで待つ。

　Google Colaboratory(Colab)は、クラウド上で動作する。インストール作業等が不要だし、ネット接続されたブラウザがあれば利用できるので手間がない。また、基本的な紹介や、Tensorflowの利用などのひな型も含まれているチュートリアルも用意されている。colab.research.google.comを見てみるとよい。Googleドライブに作成途中のファイルを保存しながら作業を進められるので、Googleアカウントの利用が前提となる。

　簡単なプログラムの入力と実行ができる。また、#文字を入れると、そのあとはコメントとなる。代入文、print文などで遊んでみよう。同じプログラムを部分編集して、何度も実行できる。コードセルでは、文字列内以外は全角入力しない！　初心者は特に空白文字に注意。図1.4に例を示す。

```
a = 3.14  # プログラムコード中に、 # を付けて記述した文はコメントとなり、実行に影響はない
print(a)
a = "文字列に変える"
print(a)  # こうした使い方が望ましいとはいえないが、一つの特徴

3.14
文字列に変える
```

図1.4　最初のコード例

　図1.4を見るとわかるが、演算子などの前後には空白1字を入れる習慣は良い。見やすいので、一般に利用されている。なお、字下げ（インデンテーション）は重要な意味があるので、説明しておこう。

・まず、たとえば繰り返しなど、複数の文が実行される範囲を指定するのに字下げが使われる
・何字字下げをするかは、それ自身流儀（4字下げが多い、既定だと2字下げ）がある
・やってみるとわかるが、自動的に次の文入力は前の行にそろえられる

1.3　インポートする：さまざまな機能はモジュールとして用意されている

　Pythonは、さまざまな現代的機能を用意しているし、追加できる。この点に大きな魅力がある。共通する機能の選択利用、あるいは、特定用途・特定技法向けの機能の選択利用などがimportを利用してできるようになっている。importすると、そのファイルパッケージの中のモジュールが使えるようになる。その中で規定され、用意されている機能を呼び出す文を記述して利用でき、コンパクトなプログラムにしやすい。

　プログラミング言語には、文法と呼び出せる機能の二つの側面がある。Pythonの文法はシンプルな形を保つことを意識している。機能の豊富さは文法の多様さを呼びがちになるが、それを

抑えようという工夫もできる。マニュアルも小さくできる。同時にAさんの知っているPython
と、Bさんの知っているPythonでは、使っている機能が全然違うので、似て非なるものになった
りする。昔の大型というか汎用というか、そういうプログラミング言語は、分厚いマニュアルが
あった。けれどもそのすべてを使い、精通している人は少ないし、その必要も少なかった。そう
した経緯を理解すれば、Pythonの設計思想の一部は分かりやすくなる。

　また、Python仕様の構成上、文法としてミニマムに具備する機能は少しずつ変わってきた。そ
の結果、大きな点として、Python2とPython3には互換性がないと思わないといけないということ
とが生じている。今、新しく学ぶなら、あるいは新しいプロジェクトとしてPythonを利用する
なら、Python2は捨てた方がいいと著者は思っている。Python3の中でもバージョンアップで新
機能が入ってきている。たとえば三項演算子、そして条件付き代入なども入ってきた。ここでは
特に強調しないが便利な機能である。Python3の中では、大きな非互換の拡張はない。機能アッ
プに応じて、いろいろなモジュールの開発が進み、インポートするモジュールの仕様が強化され
ている。

```
!pip list

Package                        Version
------------------------------ ---------------
absl-py                        0.12.0
alabaster                      0.7.12
albumentations                 0.1.12
altair                         4.1.0
appdirs                        1.4.4
argon2-cffi                    20.1.0
astor                          0.8.1
astropy                        4.2.1
astunparse                     1.6.3
async-generator                1.10
atari-py                       0.2.6
atomicwrites                   1.4.0
attrs                          20.3.0
audioread                      2.1.9
autograd                       1.3
Babel                          2.9.0
backcall                       0.2.0
beautifulsoup4                 4.6.3
bleach                         3.3.0
blis                           0.4.1
```

図1.5　パッケージリスト

　Colabには、多くのモジュールがプレインストールされている。その時点で、インストール
されているモジュールを確認するには、!pip listをColabの中で実行させる。すると、その下に
すべてのモジュールの名前とバージョンが表示される。そこにないモジュールを利用する場合
には、たとえばginzaをインストールしたければ、!pip install ginza を実行しておいて利用す
る。図1.5に、リスト表示実行例を示す。多数のモジュールのリストがでてくる。ここでは後で

Word Cloudを使うが、すでにインストールされているのがわかる。また、機械学習によく用いられるTensorflowやkerasなどもインストール済であることがわかる。基本機能では、numpyやpandasなどもインストールされている。

　特定モジュールを指定して、その情報を見ることができる。それには!pip show wordcloudのようにする（図1.6）。あるモジュールがインストール済かはshowすると、not foundのメッセージが表示されるので、確認できる。必要ならそこでインストールする。

```
!pip show wordcloud  # 全部を見たければ!pip list

Name: wordcloud
Version: 1.5.0
Summary: A little word cloud generator
Home-page: https://github.com/amueller/word_cloud
Author: Andreas Mueller
Author-email: t3kcit+wordcloud@gmail.com
License: MIT
Location: /usr/local/lib/python3.7/dist-packages
Requires: numpy, pillow
Required-by:

!pip show ginza

WARNING: Package(s) not found: ginza
```

図1.6　パッケージをチェック（2021年5月）

　Colabの環境というのは、Googleのクラウド上に用意された仮想マシン一つである。これが無料で使用できるのは、入門あるいはさまざまな仕様をテストしたい人、小さなアプリをちょっと開発して実行したい人、などには大変便利である。本格的に使いたい場合、たとえば、深層学習で何時間もコンピュータをまわしたいという人であれば、有料版に移行する、というビジネスモデルになっている。また、本格的に利用するには、自分のGoogleドライブの容量を増やす必要がでてくるだろう。多量のデータファイルなどを置く必要がでてくるからである。こうしたクラウドを使わずに自分のコンピュータ上ですべてを実行させるという選択もでてくる。「さいごに」に説明しているが、Pythonを自分のコンピュータにインストールし、さらにJupyter Notebookをインストールする、等々のことになる。

1.4　ノートブックということ

　Google Colab は、クラウドベースのノートブックが作業場所で、Jupyterに似た操作法によって作業ができる。学生の利用も視野に入れていて、無料で使いやすいはず。有料版のGoogle Colaboratory Proがある。Colabにはチュートリアルがいろいろ付いていて、使い方やあるいは深層学習的利用なども用意されたチュートリアルを読み、実行することで学べるようになって

いる。そのチュートリアル自身もノートブックになっている、つまり、コードセルとテキストセルからできている。したがって、コードセルの部分は、そこだけ実行させることができる。それを使ってそのまま自習しやすい。

Colabチュートリアルには、コードスニペットとして、実用になるようなコードのサンプルがついている。その時点が来たと思ったら、試してみるとよい。

ノートブックは、また開発環境の基本構造も用意している。プログラムの開発、すなわち、ソースプログラムコードの入力、にはそれをするためのエディタが必要である。事前あるいは開発作業中の文法チェックや部分的テストができるとよい。また、求められる機能を確実に、一度だけの入力で作成できることはほとんどないので、ファイルに確保し、それを呼び出し、修正・追加することが必要になる。実行させてみて、必要な機能を正しく実行するかチェックする機能も必要になる。これらをするための、開発環境となる道具を利用するのが一般的である。特に、その言語に向いた支援機能をもっている道具を利用する場合、開発効率が向上する。

どういう道具を使うか、ということには流儀が関係する。たとえば、字下げのしかた、コメントの入れ方など。ソースコードをファイルにとっておく際には、ファイル名のつけ方にも考え方がいろいろ存在する。また、ファイルタイプは、プログラム言語の種類を規定することになる。

プロジェクトの中でソフトウェア開発をする場合には、異なった種類のファイルを管理することになる。Webプロジェクトであれば、全体を包括する別の開発環境との関連もでてくる。バージョン管理も重要になることも多い。

Colabを使おうとして、すぐに出てくるのは、ノートブック内での細かな操作方法だろう。たとえば、コピーペーストをする方法など、これらは第3章で説明される。

ドキュメント化は、繰り返しそのソフトウェアを利用する場合、他人にソースプログラムを見せる場合など、重要な役割を果たす。本書では、ノートブック概念を利用していく。

1.5 インタプリタによるプログラムの実行

あるプログラミング言語を使って書かれたプログラム（ソースプログラム）は、どういう経路をたどって実行可能になるか？

原理的にみると次の二通りのプログラム実行方法がある。

方式A コンパイラによってコンパイルされ、機械が理解できる形式に変えられる。これをオブジェクトプログラムあるいはバイナリプログラムなどと呼ぶ。これを実行させたいコンピュータあるいは機器上で、主メモリ上に載せ、その後、実行せよという指示によって、そのプログラムに書かれた指示が逐次制御の原理に従って実行される。

方式B インタプリタが解釈実行する。ソースプログラムが、実行させたいコンピュータあるいは機器上で、主メモリ上に載せられる。それはテキスト状でそのまま機械が実行することはできない文書のようなもの。これをインタプリタが、そうであるべき順序に従って、読み出し、そこにある指示の意味を解釈しながら、そのように実行する。Pythonは方式Bを想定している。

なぜ、こんなことを書くのか？

　Python プログラムの実行環境はそもそも、Basic 言語のイメージに近い。Basic は 1970 年代
にさかのぼる歴史を持っていて、インタプリタ方式の実行を前提としていた。Basic は爆発的な
パソコンの普及の立役者で、NEC PC8001, 8801, 9801 などのパソコンに組み込まれた。1980
年代のことである。プログラミング普及のトップバッターだった。たくさんのゲームプログラム
が作られ、多くの若者が熱狂した。Basic プログラムが書かれている本を買ってきたりして、そ
のまま打ち込み、実行させる。

　徐々に、一部を自分で手直しをしたり、新しく開発したりする人が出てくる。Basic 登場以前の
プログラミングは科学計算とか事務処理といった応用を前提としているものが多かったが、Basic
では、画面に簡単に絵をかいたり、色をつけたり、動かしたり、当時としては斬新な応用分野に
目が向けられるようになった。また、それまでのプログラミングのイメージは、「一度作成した
ら、何百回も何千回も実行される」という面だけだったが、「試しに作って動かしてみる、直して
みる」ということを多くの人に供給した。

　これが、方式 B の延長にある世界である。そしてその意味で、Lisp の位置が出てくる。Lisp で
のプログラミングは、入力する⇒結果が表示される、というサイクルが開発で前提とされていた。
多量の人工知能向き機能が入れられていた。そのため、Lisp 処理系は大型化した。これを Python
は、モジュールあるいはパッケージの概念の採用で、必要に応じて取り込むライブラリ概念を取
り入れ、中心部分をスリム化した。Basic⇒Lisp⇒Python というイメージである。したがって、
Python の全体像を知ろうとするのであれば、相当に大きな知識と経験が必要になるのは覚悟する
必要がある。多くのプログラマは、自分が受け持てる範囲の機能とその周辺くらいにたけている。

　方式 A でも方式 B でも、すべての動作を開発者が自分の手で書くわけではない。別に開発され
用意されたライブラリを、引用しながら開発する。これによって、共通してみられる操作を誰か
が作っておけば、それをその後の開発者が利用することができる。

　ライブラリは、その言語用に、あるいはその機械用に、用意される。このライブラリを、選択
して利用する。時には、開発者自身が用意しておくこともある。ファイル処理の基本機能やデバ
イスの利用などの基本的な共通性の高いライブラリや、数学的処理など、その分野で共通性の高
いライブラリなどを想起するとよい。ライブラリ利用のメリットは高い。一方、誤った処理がラ
イブラリに組み込まれてしまっていると、その影響は重大なものになる。

　したがって、プログラミング言語の選択によっては、ある処理は、比較的簡単なソースプログ
ラムで実行できるし、そうでない場合は相当量のプログラム開発をしなければならなくなる。同
時に、ライブラリ機能の仕様によっては、そのプログラムにさせたい機能が型どおりにしかでき
ないというジレンマも、高度な開発では出てくることもある。たくさんのライブラリ機能を言語
仕様そのものの中に含めると、Python の仕様書はとても膨大なものになる。おそらく、すべての
機能を使って開発する人は少ないだろうから、そして、エキスパートになっていけば必然的に全
貌を知ることになるから、最初はごく一部のライブラリ機能、自分が使いそうなもの、からはじ
めて使えるようにしていくことが、一つの知恵である。多くの入門書がそうなっている。という
ことは、どういう指導・教科書で入門したかによって、初歩・中級レベルの Python 開発者が持
つ Python のイメージは相当に異なるものになるのはやむを得ない。

　徐々に、Python プログラムを繰り返して使う、そういう場合の高速化などの議論がでてきて

いる。インタプリタ方式であっても、実行するときにその中で部分コンパイルをしてそれを実行させるという工夫や、あるいは完全にコンパイルしてオブジェクトプログラムを作って実行させるという方法が取り入れられる可能性はないわけではない。実行速度や効率が求められる場合もあるだろうが、決定的に2方式間でコンセプトが異なるのは、**書かれたソースコードがそのまま実行される**、ということがあるかどうかということである。Pythonはインタプリタ方式によって実行するので、ソースの訂正、追加等をその場で行って試してみるのに便利であるし、ノートブックを使うと、実行できるソースコードを埋め込んだまま文書を作成し、使いながら、開発・改良ができる。文書を扱う立場からすれば、「ライブコード」(そのまま実行できるソースコード)の埋め込みができる特徴となる。

　テキスト的なコードが実行される最後の瞬間まで作られていればいいのかどうか、そしてそれに意味を見出すかどうかということ、である。これはコンピュータソフトウェアの維持と成長のさせ方の根本課題につながる。ここではこれ以上触れない。

第2章

文法：基礎編

2.1 四則演算、変数、代入文、式、関数呼び出し、コメント

基礎的な文法について、多少プログラミング言語についての素養があることを前提に説明をはじめる。次のようなことへの理解を前提として想定している。

---

1) プログラムは文が順に実行される。
2) その実行順の制御ができる。分岐、繰り返しなどが基本となる。
3) 変数の概念があって、そこに値を代入できる、その値を参照できる。
4) 別の場所でプログラムの断片を定義しておいて、その断片機能をあちこちから何度も呼び出せる。
5) 入出力の概念があって、プログラムの外のデータファイルを参照したり、生成したりできる。
6) データには、数値、文字列などの基本的な型がある。変数が型を持つかはその言語によって異なる。基本的な型を持つデータが構造を持つことができ、配列、その他の複合型の概念が存在する。
7) ソースプログラムの表記法の規則が決まっていて、それに従って記述する。注釈の入れ方や、構文要素の区切られ方（空白文字の入れ方）など、プログラミング言語によってさまざまな記述方法が決まっている。

これらのことは、徐々に、中等教育でも広く扱われるようになってきていると理解している。ここでは、その上に、Pythonの特徴を説明していく。

Pythonでの四則演算の演算子は、次になる。これは多くのプログラミング言語と同じである。

足し算は+、引き算は-、乗算は*、除算は/

Pythonでは、一般に、構文要素間には空白一文字を入れて表現する。見やすくなるし、扱いが容易になる[1]。

初心者は、乗算および除算の記号に慣れる必要がある。「a掛けるb」は、a * b と書き、「a割るb」は、a / b と書く。

また、余り（剰余）を取ったり、べき乗計算が書ける。剰余は % 、べき乗は**、で表す。これも多くのプログラミング言語と同じである。さらに、整数（integer、int型）演算と浮動小数点数（floating point number、実数、float型）演算を区別して扱うことができる。次のルールに従う。

・整数と浮動小数点数の混合演算の結果は浮動小数点数になる。
・除算の結果はすべて浮動小数点数になる（2を2で割ると1.0になる）。
・整数同士の演算結果は整数となる。

もし、除算結果を整数値で求めたければ、整除演算子// を用いる。テキスト処理などでは整除が一つの演算子でできることが有用な場合があるので、覚えておきたい。

7 / 2 は3.5になるが、

---

1. 以前には、変数名を構成する文字の並びの間に空白文字があってもよい言語などもあった。いろいろなルールやおすすめがある。

7 // 2 は3になる。

7 ％ 2 は1になる。

演算子の記述は前後に空白文字を入れておくと見やすくなる。

変数名は、英字で始まる名前を付けることができ、数字および下線記号（_）を含めることができる。名前の長さは問われないが、実用的にはあまり長くしないことも多い。

変数には、代入文（＝）により値を代入できる。値を代入すると、その変数がその時持っている値の型が決まる。

図2.1は、三つのprint文で、それぞれの演算結果を示している。一つ目は、aが1、bが2で、どちらも整数だから、整数加算が生じて、その結果、3を表示している。二つ目のprintは、その直前で、aに1.0を代入している。そのため加算は、混合加算となり、結果はfloat型になる。表示は、3.0となる。三つ目のprintは、その直前に、aに文字"1"を代入しているので、文字と数値の演算をさせた結果を表示しようとしていることになる。それはできない。したがって、エラーとなる[2]。

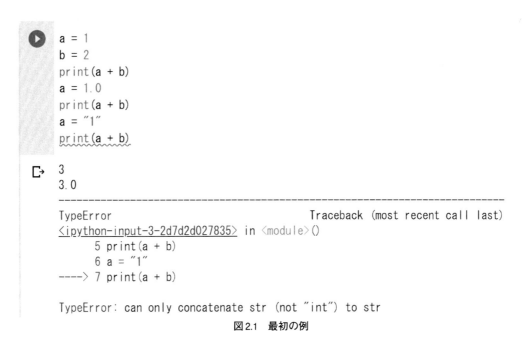

```
a = 1
b = 2
print(a + b)
a = 1.0
print(a + b)
a = "1"
print(a + b)
```

```
3
3.0
--------------------------------------------------------------------------
TypeError                                  Traceback (most recent call last)
<ipython-input-3-2d7d2d027835> in <module>()
      5 print(a + b)
      6 a = "1"
----> 7 print(a + b)

TypeError: can only concatenate str (not "int") to str
```

図2.1　最初の例

input文で実行時の入力ができる。入力された値は常に「文字列」型である！ 後述するint()などを利用して、文字列から数値に変換すれば、他の数値との数値演算が可能になる。要注意の例として図2.2を示す。

ようするに、Pythonでは、数値も文字列もほかのオブジェクトもごっちゃまぜができるようになっている。

---

2. エラーとなった旨の表示がされているが、どの文でエラーになったか、その理由なども表示される文字列を説明した直後にその説明がある。

　図2.2の意図としては、入力データが3だったら「あたり！」を、そうでなかったら「残念！」を表示するプログラムを作ろうとしている。でも、やってみるとわかるが、入力として「3」を入れても、「あたり！」にはならない。直さないといけない。input文では文字列を読み込む。数字列であればそれを数値に明示的に変換しないといけない。それは、Pythonには、「変数の型」という概念がない。ごちゃまぜに異なる型の値を入れることができる。型概念がある言語では、この変数には数値しか入らないとか宣言するが、Pythonには無い。これはいろいろなオブジェクトを同列に扱える言語の特徴である。適切な型として扱っているかはプログラマに任される。そもそもコンピュータには、ビットパターンしかない。また「何か」を保持していく仕組みの中で、その何かは何かということはいずれにしてもプログラマが責任を持つ必要がある。だから無駄なチェックが省けるということに通じるのである。言いかえてみよう、Pythonの変数は、いろいろな型の値を持つことができる。数値しか持てない変数、というような概念はない。要するに、いくつかの言語にあるような型宣言の概念がない。このため非常に柔軟なプログラミングができるが、一方、数値計算を考えたときの高速化など、犠牲にしている部分がある。

```
a = 3
b = input("入力：")
if a == b:
    print("あたり！")
else:
    print("残念！")


入力：4
残念！
```

図2.2　最初の例（意味的な誤りがある）

　たとえば、変数 a に、最初は数値を入れ、算術演算で利用するが、ある時点で文字列を入れる、といったことができる。ただし、それが初学者にとってふさわしい使い方かは議論がある。むしろ普通の利用者は避けた方がいいかもしれない。オブジェクトを通常は入れるが、それが入れられない場合には、状況を表す文字列を入れたり、上級になると、いろいろな使い方もある。

　代入文の右辺には、単純に代入する値を書くだけではなく、式が書ける。式は、上記の演算子に加えて、カッコ、そして関数呼び出しを含めて記述できる。

　関数呼び出しは、たとえば abs(v)のように、丸カッコに引数を入れて記述する。複数の引数がある場合には、カンマで区切って与える。言語として定義され用意されている関数は、一般に組込み関数と呼ばれる。Pythonでは、組み込まれている関数を呼び出す際に、その関数が入っている「モジュール名」を付けて呼び出すものもある。独立して管理されているモジュールは、パッケージの中にある、あるいはライブラリで用意されている、といった表現をすることがある。そうした関数を利用したり、独自の関数を別途定義し、それを呼び出すこともできる。

　他の言語に共通するようにPythonの代入機能を説明したが、特徴的な機能として、さらに、2.12に説明するような、「リスト内包表記」を代入右辺に書くことができる。その場合、後述するリストと呼ぶデータ形式を拡張して、その時の状況を活かしてプログラム的に、代入する要素

を決定できるようになっている。NLP的なプログラミングでは役立つ機能になる。

文に注釈をつけることができる。#記号からその行末までは、コメント（注釈）として扱われる。プログラムの実行にコメントは影響しない。コメントだけの行も、文のあとにコメントを置くことも、どちらも許される。

2.2　モジュール、import、モジュールにある関数の呼び出し

Pythonが持つ多様な機能は、「モジュール」として、別々にまとめることができる。そのソースプログラムの中で使用したいモジュールは、先頭で、import文で指定しておく。たとえば、数学的な基本機能はmathという名前のモジュールに入っていて、その中の関数を利用するときには、

```
import math
```

という文を先頭に置く。たとえば、平方根を計算するsqrt()関数がmathモジュールに入っている。このsqrt()を利用するには、関数名の前に、モジュール名をつけてmath.sqrt(3.0)のように記述する。図2.3に示す。

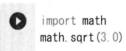

```
import math
math.sqrt(3.0)

1.7320508075688772
```

図2.3　math.sqrtの実行

この部分だけをColabに与えて、実行させてみた。こうした形で、機能をチェックしていくことができる。

この例の場合に、値をprintさせてはいないことに注目してほしい。Pythonはそもそも関数型の言語と呼ぶべきであり、関数の実行結果がその関数の値として返される。この例では、Colabのコードセル実行の際の機能により、math.sqrt(3.0)の実行結果のsqrt(3.0)の値が表示されている。この文を、表示機能であるprint()を使ってprint(math.sqrt(3.0))としたらどうなるか、比べてみるとよい。

mathには、「数学関数」として、たとえば、指数関数や対数関数、三角関数、双曲線関数などがある。

```
math.exp(), math.log(), math.sin(), math.sinh()
```

といったものである。また、整数を複数与えて最大公約数を計算するmath.gcd()をはじめ、切り捨て等の処理をする関数など、多数の機能が用意されている。基本的に、C言語の標準で定義された数学関数がおよそ用意されている。

　用意されているモジュールは、こうした数学的な処理のかたまりのためのモジュールだけではない。図2.4に示すような機能を持つモジュールも存在する。

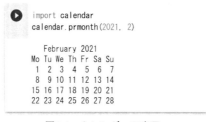

図2.4　カレンダーの表示

　例えば、ある月のカレンダーを表示させるのであれば、calendarモジュールをimportし、その中のprmonth()関数を呼び出せば、表示できる。次のようになる。

```
import calendar
calendar.prmonth(2021, 2)
```

試してみよう。

2.3　文字列

　Pythonでは、文字列を扱える。文字列を入出力したり、変数に代入したり、部分的に切り出したり、くっつけたり、さまざまな操作が行える。文字列定数は、ダブルクォートもしくはシングルクォートで記述する。どちらでもよい。たとえば、"Python"と'Python' は同一の文字列を表現する。

　引用符の間には、空白文字や特殊記号があってもよい。文字列として扱う文字のコードは、UNICODEが用いられる。実体としては、文字というのは、あるコード表の中での位置を表す番号のことである。

　また、たとえば、"123"という文字列と123という数値は根本的に異なるデータ型であるから、ファイル中やキー入力で入力した数字すなわち数字の文字列は、何かの機構で自動的に、あるいは自分でソースプログラム中で、数値に変換してからでなければ、数値演算を施すことはできない。UNICODEコード表内の番号を与えて長さ1の文字列にする関数も用意されている。

　文字列に対する操作の一例として、連結（＋）を導入しておく。複数の文字列を連結させることができる。a = "abc" + "def"などができる。

　連結は、結合などとも呼ばれる。連結は、文字列に対して指定できる。数値を文字列に連結させたい場合は、str()関数を用いて文字列に変換することを明示的に指定する。たとえば次のようにできる。

```
id_info = your_name + str(magic_number)
```

str()関数は、引数として与えたもの（オブジェクトという）を、既定の仕方にしたがって、文字列に変換する。

もう少し細かなことを付け加えると、Pythonでは、UTF-8が標準のエンコーディングである。すなわち、PythonソースコードはUTF-8に従っているとして処理される。UTF-8では、いわゆる半角英数字等は、8ビットのASCIIコードの文字と等しいので、英数字のみを使ったコードは、他のコードを使ったシステムと共通性がある。UNICODEのコード表で、16ビットあるいは32ビットを使って定義される文字、たとえば日本語、は、UTF-8として定められたエンコーディングで格納・表現される。UNICODE表（または標準規格としてはISO10646）で定義されている世界中の文字を一つのプログラムの中に混在させることができる。

プログラム中の文字列定数（引用符で囲んだ文字の列）は、UNICODEで表されるので、もし文字列内を操作したければ、それに沿って扱うことになる。半角空白文字と全角空白文字は異なるUNICODEが与えられていて、自動変換や統合はされない。

実際のプログラミングで、ダブルクォートを使うかシングルクォートを使うかという選択にルールはない。けれども著者は、任意の文字列にはダブルクォートを、選択が決まっているものの中から指定する場合にはシングルクォートを使う、という傾向を持っている。

たとえば、5章の入出力では、ファイルをオープンするのに、ファイルのパス名と入力モードとを指定する文があり、次のように使っている。

```python
f = open("/content/drive/MyDrive/HappyPrinceUTF8.txt", 'r')
```

2.4 基本的な入出力

Pythonは、表示およびキーボード入力等の基本的な入出力をするために、print()関数およびinput()関数を用意している。

print()関数は、引数として、値、変数などを与え、それらを画面に表示出力する。プリントという名称は、歴史的な文脈によっている。数値は、標準的な仕方で、数字列に変換され、目で見えるようにされる。式を書いた場合には、その式の値が計算され、表示される。文字列は、引用符なしに表示される。複数の引数を、カンマで区切って与えることができ、それらは順に表示される。たとえば次のようにできる。

```python
print("ここまでの累計は", point1 + point2 + point3, "です。")
```

キーボード入力は、input()関数によりおこなう[3]。（Python3では）引数として、入力を促すメッセージを与える。実行されると、そのメッセージが表示され、そこに入力された文字列がinput()関数の値になる。その値を変数に代入することで確保することができ、そのあとで利用できる。

3.Python2とPython3では用意された文の機能に違いがある。

入力を促すメッセージ（プロンプト）はなくともよい。たとえば次のようにすると、your_name に入力した文字列が入り、次にそれを表示している。

```
your_name = input("名前を入力してください：")
print("入力された名前は", your_name, "です。")
```

入力された文字列を、数値として利用したい場合には、自分で、整数型に変換するなら int() 関数を、浮動小数点数型に変換するなら float() 関数を用いて変換する。たとえば次のようにできる。

```
key_input = input()
i = int(key_input)
print("入力された値は", i, "です。")
```

データファイルを読み書きすることはここでは触れない。基本的には read そして write をする機能であるが、それらには、利用するクラウド環境でデータファイルを扱えるようにすること、どのような読み書きの「単位」がふさわしいのか、といったことがある。それらについては、必要な文法、実際の例とともに、のちに説明する。

2.4.1　Google Colab を何度も使ってきたら：Colab ノートブックファイルをクリックして起動する

Colab を何度か使ってきたら、Chrome ブラウザで、MyDrive を呼び出したときに、Quick Access に、それらのファイルが現れるのに気が付くはずである。これらに名前を付けて保存しておけば、明確に区別できるし、あとあとの参照に便利である。また、それをクリックすることで、Colab を起動できる。

図 2.5 に、Chrome ブラウザで Google Drive を選択し、MyDrive が呼び出されたときの表示例を示す。

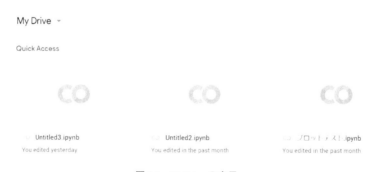

図 2.5　MyDrive の表示

まず、最初に起動したときのノートブックファイルは、

```
Untitled0.ipynb
```

となる。そして番号が上がっていく。

クリックすると、背景が黒のページがあらわれる。上部中央に、Open with Google Colaboratory と表示されているから、それをクリックする。そうすると、Google Colaboratory が起動され、そのファイルが表示される（図2.6）。

図2.6　MyDrive から Colab を起動してみる

そのファイルの中で、テストを継続できるし、必要であれば、ファイル名を変更しておく。

これらは、自分のGoogleドライブの中に保存されているので、その後は、そのファイルをクリックして呼び出すことができる。.ipynbタイプのファイルだと認識されれば、そのファイルをクリックすることで、自動的に、Google Colaboratory が立ち上がり、その中で開かれる。

2.5　リストと配列、array、ndarray

ここまでで、三つのデータ型が出てきた。文字列型、整数型、浮動小数点数型である。これらは基本データ型である。その型に変換する関数が用意されている。それらの意味、仕様は言語によって定められている。三つ以外のデータ型も存在する。随時紹介することになる。

他のプログラミング言語について多少は理解していることを前提にすると、次に紹介するべきなのは、配列だろう。一般に、一次元配列は、数学的なベクトル、あるいは要素の組を表すリストを表現するために、二次元配列は行列を表現するために導入される。三次元等の多次元配列を言語仕様の中に持っているプログラミング言語もある。自然言語処理を意識する分野での利用では、むしろ、リストがPythonの持っている基本的な機構で、リストを使って一次元配列を用意している、と思ってよい。

すなわち、Pythonは、一次元配列をリストと呼んで、言語仕様の中に用意している。表現するには角括弧を用いる。要素はカンマで区切って並べる。例えば次のようになる。

[1, 2, 3] あるいは、['a', 'b', 'c']

リストには、異なるデータ型の要素を混ぜて入れることができ、いろいろな柔軟性がある。例えば、リストの要素として別のリストを入れることもできる。簡単な処理ではこれでちょうどいいが、入れられる要素の型に制限を置きたいとか、あるいは、行列演算や画像処理上の基本処理など数学的意味付けをもつ共通的な処理をさせるには、arrayモジュールをimportして使用するarrayとか、numpyモジュールをimportして使用するndarrayなどが便利になる。

次に、リストの基本的な操作方法を紹介する。まず、リストを作るには、いきなりリストを変数に与えるか、あるいは、list()関数呼び出しで作成し、それを変数に入れる。list()関数の仕様は与える引数によって動作が異なるようになっている。引数に、文字列を与えると、文字列を

構成する文字にバラバラにされ、長さ1の文字のリストになる。range()を利用して、たとえば、list(range(5))のようにすると、整数値0〜4が順に入った要素数5の整数値のリストになる。例を次に示す。

```
moji_list = list('abcde')    # moji_listには ['a', 'b', 'c', 'd', 'e'] が入る
int_list = list(range(5))    # int_listには [0, 1, 2, 3, 4]が入る
```

　リストの要素を取り出したり、特定の要素を入れ替えたりできる。それには、インデクス（要素番号）を指定する。インデクスは、0からはじまる。要素の指定には、角括弧を用いる。ここでの例のmoji_list[0]には、'a'が入っている。int_list[4]には4が入っている。上記2行を実行したあとで次を実行してみると、moji_listは ['a', 'b', 3, 'd', 'e'] になる。

```
moji_list[2] = int_list[3]  # moji_listは ['a', 'b', 3, 'd', 'e']になる
```

　リストの要素を追加したり、削除したり、複数のリストを連結（結合）させたり、いろいろな操作方法が用意されている。
　数値計算、特にベクトル概念などを使った計算をはじめとするさまざまな技術計算、をするには、リストでは物足りない部分がでてくる。柔軟な構造ができるようになっているので、リストではどうしても数値計算だと割り切った効率の良さが出せない。そこで数値計算パッケージなどに特化した配列が求められるようになる。まず、用意されているのが、arrayモジュールである。from array import arrayとしてから使う。
　arrayのもっとも重要な割り切りは、要素に入りうるデータの型を特定することである。たとえば、32bit浮動小数点数の一次元配列を、

```
array('f')
```

という指定で生成できる。つまり、fと書くことで、32ビット浮動小数点数の一次元配列を指定している。初期値をリストで与えて、

```
array('f', [1.0, 2.0, 3.0,4.0])
```

などと指定できる。fの他には、B:1バイトの符号なし整数、h:2バイトの符号付整数、d:8バイトの浮動小数点数、など、多数の指定方法が決まっている。
　二次元配列もしくは多次元配列を扱うことは、科学技術計算では多い。numpyという「モジュール」がよく用いられる。numpyモジュールは、4章に後述される。numpyには、数学的な処理のためによく用いられる任意次元の配列が用意されている。ndarray（n-dimensional arrayの意）と呼ばれる。ndarrayは、numpy.array()関数によって生成される。numpyは、よくnpとして呼べるように as npとする指定が許されているので、その場合の実際の記述は、np.array()となるコード例も多い。

数学的な意味での配列は、多くの場合、同一形式の数値データを持つ二次元配列あるいは三次元配列だろう。そうなると、本質的には索引付けされたデータの列をアクセスするだけでは足りなくなる。少なくとも行列などを扱う基本機能は用意されていてほしい。numpyはそうしたこともサポートしている。

numpyの配列は、したがって、多くの場合、数学的な機能を利用する文脈で紹介される。また、ビットパターンの扱いは二次元配列として扱える方が楽な場合が多い。そこで画像データなどを処理する場合に、numpyの配列を使用することは自然な流れになる。

配列の処理に関する詳細は、この本では重点を置かないので、ここではこの程度の紹介にしておく。科学技術計算をPythonでさせるためのテキストでは、この部分の重みはこの本より増える。

2.6 条件式と判断分岐

コンピュータプログラムは、その実行時には、規定された機械的な順序付けに従って順に実行がなされるだけで、全体としての意味はプログラマが記述していくソースプログラムに書かれた文の順序構成によって決まる。実行順序の記述は、次の三つが概念上の要素となり、それを組み合わせて、全体としての意味と合うようにプログラムしていく。

1）逐次実行、　2）判断分岐、　3）繰り返し

である。

1）逐次実行は、要するに、記述された順に機械的に実行することである。つまり、プログラムは、させたい仕事を構成するステップを順に記述するのが基本となる。

2）これに対して、次に、データの値などにより、実行する順序を変更するための判断分岐がある。状況に応じて、実行する処理を選択することも含む。

3）また、指定する範囲を繰り返し実行する記述方法が用意されていて、それについては次節以降に触れる。

ここでは判断分岐を紹介し、次に、そのためのPythonでの標準的な記述方法のいくつかを導入する。

いきなりPythonの話をせずに、判断分岐の一般論から入る。判断分岐は、ある条件に対して、それを満たすか否かで実行するものを分ける二分岐が基本的なものである。英語風に書けば、if a then b else cである。条件aが成立していればbを、そうでなければcを実行する。条件を満たさない場合には、ただ、その次に書かれた文に移るというのがもっとも単純な場合で、if a then bだけの記述がそれにあたる。これに対して、ある条件に応じて多分岐する文を用意しているプログラミング言語もある。たとえば、英語風に書けば、on a then b, c, d, e.といった記述ができるものである。すなわち、条件aによって、たとえばある数の数値が1であればb、2であればc、3であればd、4であればeといった場合のための分岐機能が用意されている言語もある。あるいは、もっと異なる論理によって判断分岐ができる言語もある。Pythonは基本的に二分岐のため

の文が用意されている言語である。複雑な判断の組み合わせをしなければいけない場合には、さまざまな工夫が必要になる。人工知能用途あるいは、複雑なデータ分析などの応用を想定する場合には、こうした議論を理解する必要がすぐ出てくる。

　この判断分岐の概念は、実行順序の制御をベースにした概念で、それが根本であることには違いないが、さらに、Pythonには、「条件付き代入」という方法が用意されている。これを利用すると、条件に応じて代入するものを変えるような場合に、きわめてコンパクトに、かつ、実行性能を悪くすることなく有効な方法となる。

　たとえば、if 条件 x then a = b else a = c という場合には、

```
a = b if x else c
```

とすればいい。こういう記述がPythonでは可能である。三項演算子とも呼ばれる。

　　「条件 x が真であれば b を、そうでなければ c を」 a に代入する

という意味である。ちゃんと説明するには、さらにいろいろな機能があることに触れることになる。例えば、elif が用意されているとか、さまざまな拡張が存在する。これらは後で説明することになる。

　そこで、基本的な実行順序の制御としての判断分岐の話題に戻そう。Python での、もっとも基本的な判断分岐は、比較演算子を使った比較判断によって分岐する、ということである。比較演算子としては、

```
==、!=、<、>、
```

などが使える。==は等しい、!=は等しくない、という意味である。主な比較演算子を次に示す。

< （小さい）、<= （小さいか等しい）、> （大きい）、>= （大きいか等しい）、== （等しい）、!= （等しくない）

　数値以外の比較、例えば文字列、でも、等しいか、あるいは、大きいかといった比較演算子は使えるが注意を要する[4]。また、他の言語でのように、浮動小数点数の==比較には十分注意が必要である。計算結果は多くの場合誤差があるから、同じ値になると思っても、まったく同一であるという判定には必ずしも真とならない。

　Python での if 文を使用する分岐についてその表記法を学ぶ必要がある。if 文の記述にはインデント記法が強く関係する。というのは、ある条件が成立する際に実行する文は、インデント記法、字下げ、を使って書かれた部分（ブロック）である、と定められているからである。同様に、成立しない場合には else を置き、その次の行からインデントしたブロックを記述する。ブロックには複数の文を書くことが許されている。次に、例を示す。太字で示した部分がブロックになる。

---

4. 高度なプログラミングでは、それらを使うこともありえるが、当面はやめておいたほうが良い。

ブロックの境目は、連続したインデントされた部分である。

```
if a = 0:
    b = 'yes'
    a = 1
else:
    b = 'no'
...
```

もし、aがゼロであれば、bを'yes'に、かつ、aを1にする、そうでなければbを'no'にする。ifの条件の記述のあとには、必ず：(コロン)をつける。

　複数の条件式を使って判断分岐をする場合に、elifを使うことができる。条件1の場合、次に、条件2の場合、そしてそうでない場合、などと記述できる。注意しなければならないのは、これは二分岐の実行順序の制御には違いないから、「条件式1が真でない場合にのみ、条件式2が真かどうかが調べられる」ということである。条件1，2などが並行して調べられるわけではない。意外にこの手の仕組みの理解不足に起因するソフトウェアのトラブルは結構見られるので注意したい。さまざまな与信判定などでは、複雑な膨大な条件の組み合わせで、総合的な判定をする。調べる条件も均一ではないし、優先順位との観点で、まったく違った要件を調べる場合も結構ある。また、判定に利用するべき条件が使われている最中に、動的に変更されたり、追加されたりすることがある。

　ともあれ、基本形は次になる。

```
if 条件式1：
    条件式1成立時に実行する文
    ....
elif 条件式2：
    条件式2成立時に実行する文
    ....
else：
    すべての条件式が成立しない場合に実行する文
    ....
```

必要であれば、elifを複数記述できる。

　たとえば次のようなことも書ける。ただし、このテーマであれば、上述した条件付き代入の方が、スマートである。

```
if currency == 'VND':
    currency_type = 'Vietnam Dong'
elif currency == 'USD':
    currency_type = 'US Dollar'
elif currency == 'JPY':
    currency_type = 'Japanese Yen'
```

```
else:
    currency_type = 'Unrecognized'
```

上記のようなelifは、elseのブロックの中に別のifを書くことでも記述できる。また、たくさんの判定をずらずらと書いていくのは、ホントはみっともない面もある。Pythonの場合にどういう作戦がスマートなのか、などを検討しはじめると、初級を脱することになる。

【練習問題1：「金種決定問題」】

『10円玉、5円玉、1円玉を十分にたくさん持っている。この時、ある金額を指定したときに、その金額になるコインの個数が最小になるような組み合わせを提示せよ。』

たとえば、37円と入力指定したら、10円玉三つ、5円玉一つ、1円玉二つ、と表示する（表示の順序は、1円玉からでよい。それができたら、10円玉から表示する方法も示せ）。ただし、入力は1円から49円までだけを処理し、それ以外の範囲の金額が与えられたら「その金額の金種は計算できません」とだけ表示する。

こうした問題を練習してみてほしい。解答はどこにも掲載しない。実際的なプログラミングでは、このような例に対して、きちんと処理する手順を定められるかどうか、プログラマの力量が試される。

判断分岐にはいろいろなパターンがある。さまざまなパターンに応じた判断の仕方をハンズオンすることは、スキル向上の第一歩である。

たとえば、「～でなければ」とか、「～かつ～ならば」のようなことは、頻繁に生じる。このために、論理演算子のnot, and, orを用いて、

```
if not, if and, if or
```

などが書ける。具体的には、

```
if not data1 < 50 and not data2 >100:
```

といった記述が可能である。しかし、現実の事象に対する言葉での表現は意外にあいまいさがあるし、論理演算の組み合わせはしばしば勘違いをしやすい。たとえば、「条件Aでも、条件Bでも、条件Cでもなければ、文Xを実行する」を、自分がどう書くかは慣れておくべきである。意外に、ここまでで学習したif文の単純な比較を使ったif文を単純に重ねて書いていく方が、長くはなるが、初心者のプログラマにとっては間違いを起こさないで済むという皮肉な事態もありうる。

また、リストの中にあるか、あるいはないか、という判断もできる。if inという記述方法である。便利な書き方の一例を次に示しておく。

```
if not data_type in ["算数"、"国語"、"理科"]:
    print("データは、算数か国語か理科である必要があります")
```

変数data_typeの値が、"算数"か、"国語"か、"理科"でなければ、それらでなければならないと表示する。これも、NLP入門としてはしっかり押さえておく使い方である。

2.7　for文による回数指定の繰り返し

回数を指定した繰り返しには、for文を用いる。回数指定といっても、二通りの使い方がある。

1) range()を使って、整数の変数の値を変えながら繰り返す
2) リストのようなオブジェクトを指定して、その要素を順に与えながら繰り返す

たとえば、iの値を0から3まで順に変えながら、記述したブロックの文を実行するには、

```
for i in range(4):
    実行する文1
    実行する文2
    …
```

のようにする。iは繰り返しのなかで、0～3まで変化する。

また、リストの要素を順に与えながら実行するには、たとえば、

```
names = ['abc', 'def', 'ghi']
for i in names:
    print(i)
```

のようにする。'abc', 'def', 'ghi'が順に表示される。

range()の書き方を工夫して、0からはじまる整数を順に与えるだけでなく、はじめる最初の整数を指定したり、値を飛ばして与えたりできる。たとえば、range(1,4)とすると、最初が1、そして3までの値を指定することになる。range(0,10,3)とすると、0から始めて、9までで、それを3おきに与えることを指定する。

```
for i in range(0,10,3):
    print(i)
```

この場合、0,3,6,9の値がiに与えられて、4回の繰り返しが実行される（図2.7）。

リストtarget_listがあるとして、その中の要素の値の総和を求めてみよう。それには、たとえば次のようにする。

```
▶  for i in range(0, 10, 3):
        print(i)

    0
    3
    6
    9
```

図2.7　for文使用例

```
sum = 0
for i in target_list:
    sum += i
```

ここでは、sum ＝ sum ＋ i の代わりに、＋=を用いた。同じ意味である。図2.8に例を示す。

```
▶  target_list = [123, 234, 345, 456, 567]
   sum = 0
   for i in target_list:
       sum += i
   print(sum)

   1725
```

図2.8　リストの要素に対する繰り返し

2.8　while文による条件を満たす間の繰り返し

　回数を規定する考え方以外に、「条件を満たす間は繰り返す」という概念のための文が用意されている。

```
while 条件式：
    実行する文 1
    実行する文 2
    …
```

である。条件式には、if文でのように、比較演算を用いることが多い。あるいは、真または偽を返す関数の呼び出しということもあろう。これらの複雑な組み合わせということも生じることがある。繰り返しの中で、その条件が満たされなくなることが生じ、それによって繰り返しを終え、次の文に実行が移る、ということを意識して設定する必要がある。そうでないと永久にそのwhileのためのブロックを繰り返し実行することになる。

　例として紹介されるものの多くは、for文的な利用からはじまる。例えば次のようなものであ

る[5]。

```python
import math
a = 0.0
b = math.pi / 2.0
c = b / 20
print("X、SIN(X)、COS(X)の表")
while a <= b:
    print(a, math.sin(a), math.cos(a))
    a += c
```

　コンピュータが一般に使われるようになって以来、長年の課題は、件数のわからないデータ入力に対する処理である。たとえば、ファイルに入ったデータの処理で、今日は100件扱った、昨日は50件扱った、というような業務処理を、同一のプログラムで処理する、というような場合などである。大がかりなデータ処理でなくとも、任意個の数値をキーボードから打ち込んで、それらに対応する、というようなことは今日的なプログラムでも現れる。それらでは、EOF(End of File)記号、たとえばCntrl-Dが入力された、ということが生じるまで繰り返すプログラムになることが多い。Pythonでは言語仕様としてそうした入力処理への対応は強く意識されて準備されていないというべきで、あまり深入りはしない。

　仮に、キー入力を読み込み、xに入れ、xの値を返す関数myinput()を別途作ってあるとしよう。次に例を示す。負数が入力されるまで、任意個の入力への処理が繰り返される。

```python
square = 0
print("二乗和計算電卓機能")
while myinput(x)  >= 0:
    square += x**2
print("二乗和は", square)
```

　このように、whileは、プログラム上では繰り返しの終了が規定されない制御構造である。実際のその時の値によって繰り返すかどうかが決定される。

2.9　繰り返しを制御するbreak、continue、elseと多重ループ

　繰り返しの中で、場合によってはif文での実行の中で、そこで中断して繰り返しを終えたい、あるいは、その繰り返しの残っている処理はやめて、次の繰り返しに進めたいということがある。そのために、breakおよびcontinueが用意されている。また、（breakして）繰り返しをやめたときに、最後に、ある処理をしておく、という記述が意味を持つこともある。そのためにelseが

---

5. なお、浮動小数点数を使って繰り返すことやラジアンの扱いには、別の考慮、近似値と精度への考慮、が必要になることがあるが、ここでは扱わない。

使える。特に、繰り返しの中に別の繰り返しやifがある等の複雑な場合に、意味を明確にするための工夫はしておいた方がいい。

　Pythonでは、ブロックを形成するのに、インデントを使って記述する。簡潔に構造を表現できるが、複合している場合には、文脈を読み違えかねない点は頭に置いておく必要がある。基本的なbreakの利用イメージは次になるだろう。

```
while 条件式:
    実行する文
    …
    if ある条件:
        break
    実行する文2
次に実行する文
```

　breakが実行されると、「実行する文2」は実行されずに、whileを脱出し、「次に実行する文」へ進む。

```
while 条件式:
    実行する文
    …
    if ある条件:
        continue
    実行する文2
次に実行する文
```

　continueは、その繰り返しはそこでやめて、次の繰り返しに続く。breakでなく、continueであれば、その時の「実行する文2」は実行されずに、次の繰り返しに進む。そこがbreakとの違いになる。

　表の中から必要な情報を探し出す、というのはよく見られるタスクになる。次の図2.9のプログラム例は、入力により与えられた通貨記号から、その名称を探し出して、表示する。変数 i の使い方に注目してほしい。

　最後の2行は、見つからなかった場合の処理である。こうした処理の目的にもよるが、入力に対して該当するものがなく、name[i]の表示がなかった場合に知らん顔というのは一般に良いプログラムとは言えない。最初からこうしたコードを付ける習慣を持つと一段実力がアップする。また、このプログラム例が、この目的のためのコードのすべてであれば、もっと違った表記方法と実行のさせ方がある。それは応用問題となる。

　多重の繰り返し、すなわち、forやwhileの繰り返しの中に別の繰り返しがある、という使い方に慣れるとプログラミングの世界が広がる。プログラムを見るときに、「全体でどんな機能をしているのか」という視点はとても大切だが、実際にプログラムを書く側にとっては、コンピュータがすることに集中して、「書いてあるプログラムは、どういう順にどの文が解釈実行されるか、それをコンピュータになったつもりで追いかける」ということに気を配るべきである。なんとなく

```
i = 0
code = ["USD", "VND", "JPY", "SGD", "GBP"]
name = ["米国ドル", "ベトナムドン", "日本円", "シンガポールドル", "英国ポンド"]
j = input("通貨コード：")
while i < 5:
    if j == code[i]:
        print(name[i])
        break
    i += 1
if i == 5:
    print("見つかりませんでした")
```

```
通貨コード：SGD
シンガポールドル
```

図2.9　通貨コードを与えてその名称を表示する

全体では何をするか、ということでは不十分で、具体的にどこでどの処理がどう進められるかに気を配りたい。しばしば、プログラムの誤りは、プログラマの勘違いや考え漏れからきていることがある。一方、機械は、ただ忠実に、書かれている通りに実行するだけである。

　次に、forの二重の繰り返しのあるプログラムを図2.10に示す。

```
i = 0
for j in range(3):
  for k in range(20, 23):
      print(j, k)
      i += k
  print("現在のiの値は：", i)
print("最終的なiの値は：", i)
```

```
0 20
0 21
0 22
現在のiの値は： 63
1 20
1 21
1 22
現在のiの値は： 126
2 20
2 21
2 22
現在のiの値は： 189
最終的なiの値は： 189
```

図2.10　forの中にfor

　外側の繰り返しは、3回の繰り返しを指定している。内側のkを使った繰り返しは、kの値を20から始めて3回、すなわち、20, 21, 22の値を持ちながら内容となる2行を実行する。中の繰り返しの3回の実行が終わったら、print("現在のiの値は：", i)が実行される。これが3回繰り返されて、最後に、print("最終的なiの値は：", i)が実行される。この流れを、コンピュータになった

つもりで、追いかけてみて、printされるものがどんなものかチェックしてみる。しばしば、こうしたprintは、自分が意図したとおりにプログラムは動いているかを確認する（デバッグする）ために後からいれてみることがある。

　多重の繰り返しを使った、力任せのチェックの例として、つぎのような例もある。各桁の三乗の和と等しい三桁の数をすべて探し出そうとしている。

```python
for i in range(1, 10):
    for j in range(10):
        for k in range(10):
            v1 = i * 100 + j * 10 + k
            v2 = i ** 3 + j ** 3 + k ** 3
            if v1 == v2:
                print("各桁の三乗の和と等しい三桁の数は：", v1)
```

　しばしば、コンピュータを使った探索には、上記のように、すべての可能性を作り出してみて、その中で、条件に合うものを見つける、という手法がとられる。

　次のような例がどのように動作するか、フォローしてみるべきである。ただし、このままでは実行できないから、読んでおくだけでよい。value()、status()、result()は自分で定義しておく関数であり、ここでは与えていない。よくありそうなパターンとして紹介している。

```python
a = input("範囲を指定してください：")
if a > 0:
    i = 0
    while value(i) <= a:
        control(i)
        if status(i):
            break
        i += 1
    print(result())
else:
    print("範囲が正しくないので、制御できません")
```

【練習問題２：三桁の数で、各桁の三乗の和と等しい数をすべて探し出せ】

　いくつあるか？どんな数か？

　これは、何十年も前から、コンピュータパワーの性質を体得する問題としてプログラミング研修の最初の方で良く出した問題である。最近はこうした課題を練習させることは減っているのかもしれない。しらみつぶしに調べるということは、科学的ツールの最先端であるはずのコンピュータの「頭の良さ」の性質を考えるのによい教材だった。しかも、それに該当する数は複数あり、それらを発見したときはうれしいものだ。本書を読み進めるとどうやってやるか、そして、それに関連して高速に実行できる良いプログラムということについて考察がある箇所に出会うだろう。

2.10 関数を定義する

　前節では、自前の関数があるとして、それを使った例も使った。実際に動かすためではなかったので、それ以上は説明しなかった。ここでは、関数を定義する方法を説明する。

　Pythonでは、関数はdefを使って、次の形式により定義する。

```
def 関数名 ():
    実行する文のブロック
    return 戻り値
```

Pythonでは、関数定義の上下には空行を置くことが推奨されている。returnは、関数の実行を終えるときに返す値である。関数を、関数としてではなく、何かを実行させるだけのため（関数型の考え方では副作用のための関数）に使ってもよい。つまり、値を指定して返すreturnがなくともよい。しかし、プログラミングスタイルの問題として、著者は、returnを必ず置くべきだと考えている。理由は次である。

　1）少なくとも一つのreturnがあれば、ある関数の最終行は必ずreturn になり、記述範囲が見やすくなる
　2）繰り返しの構文には、forとwhile しかないので、whileする条件の記述に関数を置くことが望ましいことが出てくる
　3）副作用のための手続きだとしても、それが正常におこなわれたかなど結果に至る状態がわかるようにしておくこともよい習慣である

例を図2.11に示す。

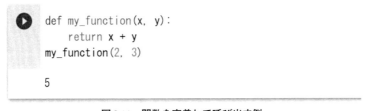

```
def my_function(x, y):
    return x + y
my_function(2, 3)

5
```

図2.11　関数を定義して呼び出す例

　次の2行が関数my_function(x, y)を定義している。これは与えた2数を加えて返す。

```
def my_function(x, y):
    return x + y
```

my_function(2,3)は、定義した関数を、2と3を与えて呼び出している。
　プログラムの中で、その使用の前に、def しておき、その関数をそのまま使うことができる。

　なお、関数をdefで定義するのではなく、Lambdaを使って、一時的にその場所で使用する方法も存在するが、上級事項になるので、ここでは触れず、後で説明する。

　あるいは、こんな使い方もある。図2.12に示す。

```
def my_input(message):
    text = input(message)
    if text.isdigit():
        return int(text)
    else:
        return 0
```

.isdigit() は文字列textが、半角数字による整数の数値であるかを調べている[6]。

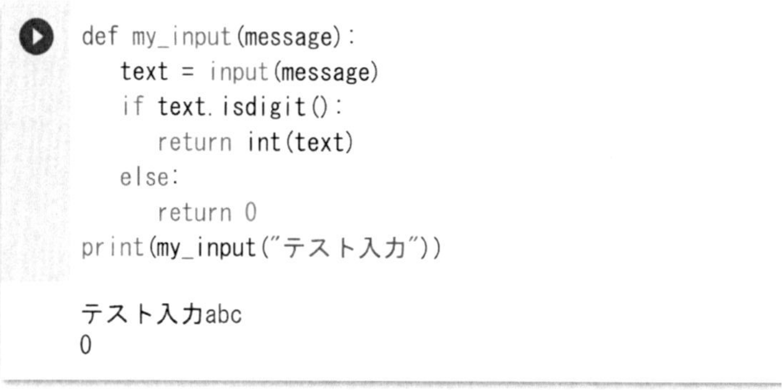

```
def my_input(message):
    text = input(message)
    if text.isdigit():
        return int(text)
    else:
        return 0
print(my_input("テスト入力"))

テスト入力abc
0
```

図2.12　関数定義例

　なお、関数定義の話とは独立しているが、変数や関数の値として真偽値TrueまたはFalseを与えることができる。判定をする場合には、はっきりとさせることができる。

　また、変数名の有効範囲という課題がある。たとえば、上記のmy_input()の定義では、textという名前の変数を使っている。この関数を含むモジュール以外の場所で、textという変数が使われていても、それは別の変数である[7]。

　次の例、図2.13は、その意味で、要注意の例である。このコードセル内でなくとも、使用したColabファイルの中で以前にその変数名が使われていて、値が入っていれば、それが単に利用される（なければエラーになる）。

　この先の実際例では、特に文字列を扱う場合、さらにいろいろな状況に出会うことになる。ファイルを入出力する場合などはどのようなコードで処理されるのか、あるいはバイナリの数値が入っているか、などさまざまな状況に出会うこともあろう。また、キー入力の場合に、利用者は全角の数字を入力するかもしれない。それらに対する対応を、その考慮が必要な時点で学んでいく、という考えでこの入門書は記載されている。また、文字や文字列の処理に関する場合には、原則

6.これにはいくつかのバリエーションがあるし、文字列の種類によってはエラーになること、などの詳細があるが、ここでは述べない。
7.同じものを指すという仕様のプログラミング言語もありうる。

```
def my_function(x, y):
    a = x + y
    return a
print(my_function(2, 3))
print(a)  # この変数 a は、たまたま、このColabファイルの中で、以前に使われ、値が入れられた。それが表示されている。

5
文字列に変える
```

図2.13　Colab での変数参照の注意

として触れるが、数値計算に関わることでは、省略することもある。

2.11　辞書型

　あるものについて、その属性と値のペアを覚えておく、参照する、変更する、追加するなどの操作概念は、人工知能の入門としては長い歴史もあり、さまざまな形で利用されてきた。それらをファイルに記憶しておく、あるいは高速アクセスのための記憶方法など、実装上の課題への解もさまざまに1970年代あたりから議論され、実装されてきた。関連するキーワードとしては、FRLなどにはじまるフレーム概念、そしてオブジェクト指向の枠組み、連想三つ組とキーバリューペア、連想メモリ、WordNet等のシステム、そして単純化した表言語の発端、その他は、情報や知識の構造を覚え、そして利用する基礎的な概念を形作ってきた。

　これに近い特徴的概念として、Pythonには、辞書型がある。Pythonの辞書型は、ここに述べた概念の発端でも原理でもないが、辞書型は、それらの原始的・原理的な実装を説明するのに十分なものがあり、それらの小さな実装に使うこともできる。

　具体的な辞書型データの例から見ていこう。今、ある学生student1が次のような属性とその値を持っているとする。

student1: 学生番号 201001、氏名　東京太郎、
　　　　　取得単位数　42、本年度申請単位数　20

　これを、student1 という変数に、辞書型データとしてPythonで記述することができる。次のようになる。

```
student1 = {"学生番号":201001, "氏名": "東京太郎",
            "取得単位数":42, "本年度申請単位数":20}
```

「属性：値」のペアを複数持たせることができる。カンマで区切り、中括弧でそれらを囲む。

　そうした変数に対して実施したい操作は次の3種類になる。

1)　参照する

　2）値を変更する・「属性：値」のペアを追加する

　3）「属性：値」のペアを削除する

これらを順に紹介する。

　1）参照する：最も基本的な参照は、属性を指定してその値を参照することである。例に対して、氏名を参照するにはつぎのようにする。

```
value = student1["氏名"]
```

　角括弧で属性を与えると、その値が返される。

　ある属性がそのオブジェクトに対して存在するかを確認することが必要な場合もAI的な応用ではでてくる。それをするには、keys()というメソッドを利用する。keys()は、そのオブジェクトに含まれているすべてのkey、すなわち属性、をリストにして返す。したがって、inを使って、特定の属性名が存在するかを確認できる。inという演算子はそれが存在すれば、True、そうでなければFalseを返す。そのままその値を使ったり、あるいはifの条件に与えたりできる。次のような使い方ができる。

```
print("前期取得単位数" in student1.keys())
```

student1に、「前期取得単位数」が与えられていればTrue、そうでなければFalseが表示される。

　もう一つ、重要な参照方法がある。「ある値を与えて、それがあれば、その属性を知る」。このいわば表の中の内容で、項目名を知るような逆参照である。これもAIに特徴的だといえることがある。

　これをするには、values()というメソッドを利用する。values()は、そのオブジェクトに含まれるすべてのvalue、すなわち値、をリストにして返す。したがって、inを使って、特定の値を持つ要素があるかどうか確認できる。次のようにする。

```
print("東京太郎" in student1.values())
```

student1に「東京太郎」という値をもつ属性があれば、Trueを返す。この処理で、ある値があるオブジェクトにあるかどうかを判断することができる。

　「東京太郎という値がある属性は何か？」という参照は、一手間かかる。というのは、**属性はユニークだが値はそうではない**、からである。ある値を持ちうる属性は複数あると考えないといけない。あるいは無いかもしれない。そこで、items()というメソッドを使う。これは、属性・値のペアをタプルにして参照できるようにする。tuple[0]とすると属性が、tuple[1]とすると値が、それぞれ参照できる。これを使って、ある値を持つ属性・値のペアをすべて参照することができる。この詳細はAIプログラミングと呼ぶべきものになるので、その時点が来たら説明する。

　2）値を変更する・「属性：値」のペアを追加する：属性を指定して、その属性の値を変更することができる。その属性が存在していなければ、新たにペアが追加される。したがって、変更と追

加は同じ処理ということになる。ここで扱っているstudent1の、取得単位数欄を変更するには、たとえば次のようになる。

```
student1["取得単位数"] = 44
```

もし、属性が存在していなければ、新たに属性：値のペアが作られる。たとえば次のようになる。

```
student1["前期取得単位数"] = 12
```

既存の属性の文字列を間違えると大変なことになる、新しく作られてしまう。要注意。

3)「属性：値」のペアを削除する：ペアを削除するには、pop()メソッドを使う。pop()メソッドに属性を与えて実行させると、その属性：値のペアが削除される。次のようにする。

```
student1.pop("本年度申請単位数")
```

これらを含んだ実行例を図2.14に示す。

```
student1 = {"学生番号":201001, "氏名":"東京太郎", "取得単位数":42, "本年度申請単位数": 20}
name = student1["氏名"]
student1["取得単位数"] = 44
print(name, student1)
student1["前期取得単位数"] = 12
student1.pop("本年度申請単位数")
print(student1)

東京太郎 {'学生番号': 201001, '氏名': '東京太郎', '取得単位数': 44, '本年度申請単位数': 20}
{'学生番号': 201001, '氏名': '東京太郎', '取得単位数': 44, '前期取得単位数': 12}
```

図2.14　辞書型データの使用例

　辞書型データの実行速度や全体的な性能は実装方法に依存する。属性がスタティックに定まっていて、表で済む場合、リストその他の、ランダムに位置を指定してアクセスできる表現方法を選んだほうがよいことが多い。

　属性を柔軟に変更できる、追加できるといった性質のデータは、知識と呼んでよいような情報の構造には増えてくるだろう。値として、一定の範囲の実行文を入れておいたり、あるいは、値を入れるときに、プログラムを動かして、その値を自動的にチェックできるようにしよう、などさまざまな拡張が考えられる。それらは、もう辞書型データの扱いを超えて、人工知能システムの一部の話となる。

2.12　リスト内包表記

　Pythonの魅力、というか便利さの一つに「リスト内包表記」がある。自然言語処理ではしば

しばお目にかかることになる。そこで、一節を用意して触れておきたい。ただし、普通の意味の入門書としては、多少上級の部類に入る。

　本章では、リストを一次元配列としてすでに紹介した。リストは角括弧を使って表記し、その要素を同じく角括弧を使ってゼロから始まる番号で指定できる。たとえば、[1,3,5,7] は四要素を持つ一次元配列を表し、それが変数iに与えられているなら、i[2] というような表記で要素を指定でき、この場合には、5という値がそこにある。

　リストには、このような数値だけではなく、Pythonで許されるオブジェクトを要素に持つことができ、しかも、異なった型のオブジェクトが混在していてもよい。たとえば、[1, "abc", 2, "def"] などといったリストがありうるし、また、[1, [1,2,3,4], 2, [5,6,7,8]] のように、他のリストをあるリストの要素に持つこともできる。また、複数の文からなる文書をリストの形で、["文1としての文字列", "文2", "文3は多少長い文字列で、このようなこともありうる。"] などのように、保持できる。ファイル上の任意長の文字列を処理するのに、このような文字列のリストとして表現することはPythonではよく行われる。また、単語のリストを複数個、要素として持ったりすることもある。次の例のようにできる。

```
[["a", "the", "an"], ["I", "you", "we", "they"]]
```

2.12.1　リストの要素を規則的に生成する

　Pythonでは、リストを生成するときに、規則的に、言いかえればプログラム的に、その要素を次々と発生させる表記方法が用意されている。次を見てほしい。

```
numbers = [i for i in range(10)]
```

　これを実行させると、numbers には、[0, 1, 2, 3, 4, 5, 6, 7, 8, 9] というリストが入る。「10個までの整数を発生させ、それをiとし、そのiからなるリストを作る」ということをする。 for は、繰り返し　を表し、繰り返しごとに、ここではiの値を変え、そのiを要素にしてリストが作られる。だから、i for iという記述部分が見えることになる。次のような例を見れば、もう少しそのことが理解できるだろう。

```
numbers2 = [i**2 for i in range(10)]
```

この実行によって、numbers2には、[0, 1, 4, 9, 16, 25, 36, 49, 64, 81]というリストが与えられる。

　inは、繰り返し生成する範囲を指定している。もし、inの後にリストがあれば、そのリストの要素を順に与えることを意味する。したがって、上のnumbers2リストを使って、次のような処理を書くことができる。

```
numbers3 = [ i - 1 for i in numbers2]
```

この実行によって、numbers3には、[-1, 0, 3, 8, 15, 24, 35, 48, 63, 80] というリストが与えられる。

ここまでの説明で使われた文を実際に使ってみる。図2.15にそれを置く。

```
numbers = [i for i in range(10)]
numbers2 = [i**2 for i in range(10)]
numbers3 = [i - 1 for i in numbers2]
print(numbers, numbers2, numbers3)

[0, 1, 2, 3, 4, 5, 6, 7, 8, 9] [0, 1, 4, 9, 16, 25, 36, 49, 64, 81] [-1, 0, 3, 8, 15, 24, 35, 48, 63, 80]
```

図2.15　リスト内包表記を使ったリストの初期化

2.12.2　文字列のリストを処理して、結果のリストを生成する

自然言語処理の実用上、しばしば登場するリスト内包表記がこれである。実際的な処理例の中で、いくつかのパターンが出てくる。ここでは単純な例をみてみよう。

まず、規則的な生成の方法に加えて、if 句を用意して、条件に合うもの（合わないもの）を取り出して、そのようなリストを生成する例を見てみる。図2.16に例を示す。

```
stopwords = {"a", "the", "an"}
source = ["test", "is", "the", "case", "with", "an"]
modified = [word + "a" for word in source]
processed = [ word for word in source if word not in stopwords]
print(modified, processed)

['testa', 'isa', 'thea', 'casea', 'witha', 'ana'] ['test', 'is', 'case', 'with']
```

図2.16　リスト内包表記の応用例

modified は、sourceリストの要素の文字列の最後に"a"を付けた文字列を要素とするリスト、processedは、「if word not in stopwords」として、stopwordsリストにない単語だけからなるリストが与えられている。

2.13　Eval/Exec：切れ味鋭い万能関数

Pythonの特徴を本来形成している機能の中で、人工知能的なものを紹介しよう。この機能は必ず使った方がいいというものではないが、知っていると、ある種の場合には、大きな効果を発揮する。場合によっては、これを使うとすっきりと処理可能になるが、そうでないと、とても大がかりなプログラムを組むことになる場合も多々存在する。その意味で、難しいと感じたら、最初はこの節の内容はスキップして先に進むのもよい。

EvalはOut of Line実行をすることができる機能である。伝統的には万能関数（Universal

Function) と呼ばれる機能を供給している。その意味は、「eval() を実行することで、その言語で用意されている機能はどれでも実行できる」ということである。その実行の環境を指定することもできる。多くのプログラム言語では、プログラム中のソースコードとデータはまったく独立している。しかし、そうでない使い方への道が開かれている言語もある。Pythonもそうである。

　インタプリタ型（1章1.5節での方式B）の利用を志向した言語は、ソースプログラムをさっと書き込んでテストしてみる、その一部を手直しして再実行する、といったことに適している。コンパイル型（1.5節での方式A）では、目の前に編集したプログラムをさっと動作させるのは一般にまどろっこしくなる。インタプリタ型の言語でのプログラムを、Colabなどのテキストエディタ型の環境で実行すると、その効果を実感できる。そこにあるテキストをそのまま実行できるからである。そして手直しによる再挑戦が簡単。

　その延長として、「それでは、テキストとして存在するプログラム中で処理されるデータがテキストとしてそこにある。それなら、そのデータテキストを実行する仕組みがある方が自然だ」と考えるケースがでても不思議ではない。Pythonでは、そのために、eval() とexec() が用意されている。

　eval() は、式を与えると評価する、exec() は文を与えるとそれを実行する、と説明できる。

　eval() の機能については、多くのテキストでは、初歩的な例だけが説明されている。たとえば、つぎのような使い方である（図2.17）。

```
print(eval("1 + 2"))
a = 3
eval("a + 2")

3
5
```

図2.17　eval 使用例

　eval('1 + 2')　と呼ぶと、3が返される。すなわち、「文字列を与えると、それを式として評価する」ということである。定数的な文字列だけでなく、変数を指定し、その内容が動的に作られてもよいから、用途は広い。ただ、eval("c = 3") とか、eval("a = 1 + 2")　のような「文」の実行はできない（図2.18）。

```
eval("c = 3")

File "<string>", line 1
    c = 3
      ^
SyntaxError: invalid syntax

SEARCH STACK OVERFLOW
```

図2.18　eval 使用例(これはうまくいかない)

文の実行をしたければ、exec() を用いることができる。

```
exec("a = 1 + 2")
```

とすると、a に 3 を代入することができる。この説明は、式と文の実行の違いを説明している。

　多くのテキストでは、これらの機能は、「危険である」と説明される。文字列を実行できるからである。特に外部から入力した文字列の実行は危険だと説明される。それはその通りである。

　しかし、ここでは、eval() の実行が**人工知能的な**プログラムで、**場合によっては本質的**な機能であることを説明する。切れ味がするどいプログラムをつくることができる。それは、Lisp でその開発当初から、設計理念の実現の一つとして 1960 年代から発揮されてきた仕組みの利用でもある。

　例でこのことを説明しよう。しかし、これは上級事項なので、はじめて触れる人はこの辺はスキップして読み進めて構わない。

　まず、図 2.19 のプログラム例で、最初の exec() は文字列として決まったものを実行させている。二番目の exec() は、二つの文字列を、実行直前に、＋演算子を使って文字列を結合して実行させている。だから、二つ目の print で表示される値は 5 になる。exec() の引数は、この例のような定数である必要はない。変数や関数呼び出しでもよい。何を実行するか、最後の瞬間で決定されるだけなのである。

```
exec("a = 1 + 2")
print(a)
exec("a = "+"2 + 3")
print(a)

  3
  5
```

図 2.19　exec 使用例

　また、Python には、いわゆる GoTo 文がない。したがって、多少プログラミングをした人ならどうしようもない場合には使いたい、無条件分岐ができない。プログラムの構造をきれいにする、見やすくするには、無条件分岐文がないと、かえってみにくくなることがある。そこで、ある時点で次に実行することが複数あって、その中から選ぶ、というような場合、Python の標準的な文法の文だけではうまくできない。if…else… というような構造を単純に使うのでは、たとえば、「8 通りの、複数の文からなる作業がある。前提条件を調べて、8 通りの中の一つを選んで、そのプログラムセグメントを実行する」等々のことは非常に書きにくい。いろいろな方法があるが、eval/exec という、なんでも実行機能が便利なこともある。

　さてそこで、応用問題を考えてみよう。

　これは、30 年以上前になるが、小学生雑誌に掲載された性格判断チャートを元に、その一部分をわかりやすいように、著者が図に記したものである（図 2.20）。

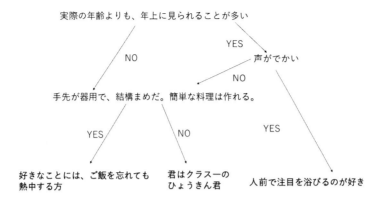

図2.20　「性格判断」の一部分

　ノードに書かれたメッセージを表示し、YesかNoかの入力を待ち、その結果によって先へ進み、三種類のメッセージのどれかを最後に表示するプログラムを作れ。

　必ずしもeval()などを使う必要はないが、単にif文で処理しようとすると、スマートには行かなくなる。あなたならどうするか？実際に作ってみて考察してみよう。

　話題は、次に必要なことに進む。Pythonの処理系に用意されているモジュールについてである。用意されたモジュールに含まれている機能を呼び出して利用することで、プログラムの機能を充実させることができる。

## 第3章

Google Colabに親しむ

3.1　Colab ノートブックの利用

最も基本的な新規ノートブック作成の方法は、

1）Google ドライブを Chrome ブラウザで開く。
2）MyDrive をプルダウンし、その他の中で、Google Colaboratory を選ぶ。
3）タイトルに、Untitled0.ipynb － Colaboratory と表示されたウィンドウが現れる。

この.ipynb ファイルタイプは、Jupyter Notebook でも共通して使用されるファイルタイプで、ノートブックを表す。

4）「＋ コード ＋ テキスト」のどちらかをクリックできるので、「＋ コード」をクリックする。
5）ソースコードを入力する。
6）実行ボタン、あるいは Ctrl + Enter を押して、実行させる。
7）結果が表示される。
8）「ファイルメニュー」の中で、「ノートブック名を変更」を選び、与えたい名前を入れる。
9）同じく「ファイルメニュー」の中の、「保存」をクリックし、保存する。My Drive に入れられるので、後で再使用・修正等ができる。

　上記の1）〜9）にはいくつかのバリエーションがあり、慣れてくれば、それらを的確に選ぶことができるようになるだろう。ここでは、いくつかの重要な概念の説明へと進む。
　まず、**セル**という概念がある。ひとかたまりのプログラムの置き場である。コードセルとしてPython プログラム（の断片）を置いておき、それをその部分だけ実行させることができる。それには、そのコードの左側にある再生ボタンをクリックするか、Ctrl+Enter を押す。実行されるとその直下に結果が表示される。なんども再実行させてもよい。
　インタプリタで実行される。つまり、コードセル中のソースコードがそのまま解釈実行される。また、広げた自分の Colab が共通の環境を供給するので、変数は他のセルでも引用でき、その値も共有される。変数名だけを与えると、その値が表示される。
　新しく作るには、コードフォーマットを選択して、セルを用意し、その中で、Python コードを入力して、編集、実行ができる。
　テキストフォーマットを選択すると、文書作成のできるセルが用意される。その中で文書作成をする。さまざまな文字装飾など編集機能も利用できる。
　保存をして終了すると、GoogleDrive にそこまでの状況が保存されるので、次回利用は、それを指定することで、その先から続けることができる。

3.1.1　ライブコードを含むノートブック

　https://colab.research.google.com/ を指定してブラウザを開くと、「Colaboratory へようこそ」というページが表示され、簡単な説明と、使い方を理解できるような Python の「ライブ

コード」を含んだ文書が現れる（図3.1）。一見すると普通のチュートリアル文書のようだが、プログラムコード部分は、手直ししたり、実行させたりできる。

図3.1　Colaboratory へようこそ

　この例では、「はじめに」の段落の「コードセル」に二行のコードを前後の脈略なく入力し、それをそのまま実行させている。どこにあるか探してみてほしい。「私の名前は井田です」という著者が入力した二行とその実行結果が表示されている。文書中のコードをそのまま実行できるので、しばしば「ライブコード」と呼ばれる。チュートリアルとしては、大変に便利だし、有用な形式である。第一章では、単に白紙のノートブックを紹介したが、ここは、ある形に整理され、利用されている実例の紹介でもある。

　この初期ページには、左欄に、「目次」があり、それを追って順に学習することもできる。基本的な説明からはじめて、次には、「機械学習」が用意されている。もちろん、このチュートリアルは改訂され、内容が変化するかもしれない。ここでの紹介は2021年1月のサイトの状況で説明をしている。このようなものが形成できるということの紹介が一義的である。

機械学習の例

Colaboratory で実現したインタラクティブな機械学習解析のさまざまな応用例は、TensorFlow Hub のモデルを活用したチュートリアルでご紹介しています。

おすすめの例をご紹介します。

- 画像分類の再トレーニング: 事前トレーニング済みの画像分類を再利用して Keras モデルを構築し、花を分類します。
- テキスト分類: IMDB の映画レビューをポジティブなレビューとネガティブなレビューに分類します。
- スタイル転送: ディープ ラーニングを使用して画像間でスタイルを転送します。
- Multilingual Universal Sentence Encoder の Q&A: 機械学習モデルを使用して、SQuAD データベースからの質問に回答します。
- 動画の補間: 動画の最初のフレームと最後のフレームの間に何か起こったのかを予測します。

図3.2　colab.research.google.com より

　左にある目次の中で、「機械学習の例」をクリックしてみよう（図3.2）。そうすると、TensorFlowHubへ行ってみようと促され、それをクリックすれば、そのページへ飛ぶ。同時に、

その下には、画像分類の再トレーニング、テキスト分類、スタイル転送、Multilingual Universal Sentence encoder のQ&A、動画の補間、がクリックできる形で並んでいる。

　Colaboratory は、完全にクラウドで実行されるJupyter Notebook 環境であり、自分でJupyter Notebook をセットアップしなくてよいし、クラウドでそれを特別な準備なしに利用できるのは特に学校では便利である。要するに、関連する文書の記述・参照、プログラムコードの編集、その実行が一体となって、その中でできる。Colabで使えるようなソースライブラリなども利用できる。GitHubとの連携、クラウド上での共有の基本機能がある、当然のことながら、他のサイトへのリンクを置くこともできる、といった便利さもある。

3.1.2　リモートにあるプログラムの解釈実行ということ

　プログラムの実行速度としては、かなり割引して考える必要がある。まず、インタプリタで動作するし、しかもそれはクラウド上で動作する。

　次の例、図3.3は、「各桁の3乗の和と等しい数は100から999の範囲にどんなものがあるか？」という練習問題のプログラムである。そして、コードセルの下に、テキストセルを置き、そこに、「このプログラムの実行は、…0.603秒かかった。」という文を置いている。実際にテスト実行させたあとで、三角マークにマウスを置くと、記録が出てくるので、それからメモしたもので、それをコードにくっつけておくことができる。こうした使い方はノートブックらしいものとなる。

```
for i in range(1, 10):
    for j in range(10):
        for k in range(10):
            v1 = i * 100 + j * 10 + k
            v2 = i ** 3 + j ** 3 + k ** 3
            if v1 == v2:
                print(v1)
```

```
153
370
371
407
```

このプログラムの実行は、自宅のパソコンで、0.603秒かかった。

図3.3　プログラムの解釈実行

　この実行には常に、この時間、0.603秒がかかるわけではない。その時にネット接続の状況等もおそらく影響しているだろう。何度か実行させてみると同じでないことはわかる。

　このプログラムを眺めてみると重要なことが浮かび上がる。i, j, k を使った三重の繰り返しの中で、毎回v1とv2を律儀に計算している。たとえば、v1の計算の中で、「i * 100」という部分、そして「i ** 3」という部分は、何度も何度も同じ計算が無駄に繰り返されていることに気が付く

だろうか？

　少なくとも、iについての9回の繰り返しの中で、「i * 100」という部分、そして「i ** 3」という部分はそれぞれ900回実行されるが、100回ずつ同じ計算が生じている。これは無駄な処理だと気が付くセンスは重要である。もし、これらの計算がとても時間のかかる処理であったとすれば、致命的な欠陥となる可能性もある。単純な乗算ではなく、外部で定義された関数の呼び出しである場合もありうる。

　そんなことも考えて、プログラムを次の図3.4のように変えてみた。同じ結果が表示される。そのプログラムを見て、繰り返しということの実際のイメージとして、コンピュータがぐるぐるとまわっている、という感じ、そして、何を節約しようとしたかは理解する必要がある。

```
for i in range(1, 10):
    i100 = i * 100
    i3 = i ** 3
    for j in range(10):
        for k in range(10):
            v1 = i100 + j * 10 + k
            v2 = i3 + j ** 3 + k ** 3
            if v1 == v2:
                print(v1)
```

```
153
370
371
407
```

このプログラムの実行は、自宅のパソコンで、0.634秒かかった。

図3.4　プログラムの解釈実行2

実行させてみると、不思議なことがおこっているのがわかる。i100とi3を無駄なく、値が変更になる時点のみで計算しておくと、多少時間が以前のものよりかかっている。つまり、速度的には、速くしようとして、かえって遅くなっているのである。0.634秒かかっている。

　どうしてこういうことがおきたのだろう？

　全体の計算量は大した量ではなく、毎回インタプリタが、このソースコードを解析して解釈実行する時間、および、クラウド上でそれを実行する時間などのオーバーヘッドがおおきいということである。2行プログラムテキストが増えたので、その処理の時間が前より増えている。

　この例の場合には、全体が短く、しかも、自分ですべて作成したプログラムなので、こうした

考察ができた。しかし、できあいのコードを持ってきて、それをちょっと手直しして、などという場合には手ひどいことになることがある。そして、誰も気が付かず、そんな性能なんだとあきらめたりすることも十分ありえる。無用な性能劣化は慎むべきである。

3.2　Colabでのコマンディング

Colaboratoryには、活用するためのさまざまな指示方法が用意されている。まずメニューとして現れるものの中から、クリックして、操作するものがある。次に、コマンドとして実行させて、操作するものがある。コマンドというと、基本的には、多くのOSにあるようなシェルコマンドと、コピペをするための指示などの二つのタイプがあると考えて、理解をはじめるとよい。Pythonを利用して専門的に開発できるようになるには、これらのすべてに熟達するべきである。しかし、目的とする応用領域があって、そのためのプログラム開発にPythonを利用しようというのであれば、かなり理解すべきコマンド等は減らすことができる。それから順に熟練していく中でいろいろな指示方法をマスターしていくのがよくあるやり方である。ここでも、そうした考え方に沿って、必要な時点で、必要な知識を習得していく、という方法をとっている。

まず、「コピペ」の仕方は、実用上重要である。Colabのノートブックの内容は、デスクトップに広げた複数のウィンドウと並行して見えるけれど、実態としては、遠いクラウド上にある。したがって、通常のデスクトップのコピペだけではできず、専用のコマンドを使う。

```
C-c でコピーする
C-v でペーストする
```

とりあえずこれだけ覚えておく。デスクトップ上の他のウィンドウからコピーするには、ふつうに、範囲を指定して「コピー」をしたら、C-v でColab ノートブックにペーストする。逆に、Colab ノートブックからデスクトップディスプレイ上の他のウィンドウにコピーするには、範囲を指定して、C-c し、他のウィンドウへ行って、そのデスクトップの「貼り付け」をする。ようするに、ローカルなコピペコマンドとリモートのColab 内のコピペコマンド(C-c、C-v)を使い分け、組み合わせる。

Colaboratoryは、コマンディングに関しては、IPython（アイパイソン）を継承している。IPythonは、Interactive Pythonを意味し、Pythonプログラムを対話型で実行させる実行環境である。「実行環境」と言っているように、コマンドを与えて実行させる、ということを繰り返すことができる。Windowsのコマンドプロンプトウィンドウ、あるいはLinuxのシェルをひとまずイメージする。それがColabとして広げた文書の中でできるようになる。だから、Colabがシェルシステムになったともいえる。実行環境としてのファイルシステムは、左欄のフォルダアイコンをクリックすることで確認できる。すなわち実行中のColab ノートブックにはファイルシステムが与えられている。Google DriveのMyDriveをリンクすることもできる。たとえば、%loadとして、引数にファイル名を与えると、その先に、そのファイルの中身を展開する。また、％pwdとすると、その実行環境の中でのカレントディレクトリを表示する。Colabで、ノートブックの

中にコマンドを入れ込み、それを実行させることができる。実行環境を永続的に変化させたい場合には、％を付ける。そのセッションだけ有効にしたい場合は！を付ける。

さらに、IPythonから引き継いでいる機能として、「補完機能」が用意されている。補完機能では、文字を入力していくと、その先の候補を表示してくれる。Tabキーをそれに利用する部分がある。それをガイドとして入力を続けてもよいし、候補の中から選ぶこともできる。ファイル名やパス、Pythonプログラム中の文脈を理解して、そこでの変数名なども補完してくれる。これで安心して、長い説明的な変数名なども使える。

こうした、IPythonから継承したコマンディング機能は、初心者のうちは、その有用性に気が付かないものである。たくさん使うようになると便利さに気が付くことが増える。

たとえば、ノートブックを使って開発しているプログラムをデバッグしたいのであれば、デバッガを起動して実行させたりもできる。また、Object Inspectorといって、実行中のある時点のオブジェクトの中身をチェックしたりする機能もそなわっている[1]。

本節のここまでの話は、おそらくある時点が来るまで、そういう話がある、ということを理解しておけばだいたい済む。

実際的な作業についてまとめると、次のようになる。

1）Colabにとって外部ツールになる補助機能をインストールする
2）そのノートブック内でその補助機能を利用できるようにする
3）開発中のコードセル中のプログラムで、その機能をimport等を使って利用する

3.2.1　ノートブックでプログラムを開発：その基本的、特徴的な利用法、操作法

このノートブックを広げた状態に何があるかを確認しておく。図1.2と同じものが自分の目の前に開いているはずである。ノートブック名の下に、基本メニューが並んでいる。ファイルタブでは基本的なファイル操作ができる。その中では、「ランタイム」に注目しておく。その中の「ランタイムの再起動」を意外に使うことがある。すでに組み込まれているモジュールを別のバージョンにしてから使うような場合には、この「ランタイムの再起動」をすることになる。

その下に、「＋コード　＋テキスト」がある。そして、左欄は細長くなっている。そこでは、「ファイルフォルダアイコン」（図1.2左一番下）がまず重要である。「ファイルフォルダアイコン」をクリックすると、使えるファイルシステムが見えるようになる。その使い方は、それを理解する必要がある。5.1節で説明されるので、ここではこれ以上触れない。

さて、右側の広いノートブック領域の中には、初期状態では一つだけ矩形領域がある。あるいは「＋コード」を押すと現れる。これが「コードセル」で、この中にPythonプログラムを書き込み、左の三角マークをクリックすることで実行させることができる。コードセルには、図3.5のようなメニューが右方に表示される。それぞれの機能について確認してみる方がよいが、ここでは省略する。ゴミ箱に捨てたり、いろいろな設定ができる。

必要に応じて、「＋テキスト」を押して、説明文等を入れたり、「＋コード」で、新しくPythonプログラムを入れる領域を設定したりできる。

---

1. 実は、大昔のLispマシンの設計書とその実装を知っていると、歴史は繰り返すということでIPythonを理解できる。

図3.5　コードセルの右上のメニュー

　実行結果の表示を非表示にしたり、あるいは、最も単純な方法としては、コードセル内で、マウス右クリックし、コピーし、外部のプログラムに貼り付けたりすることができる。基本的な編集コマンドは、C-cでコピー、C-vで貼り付け、である。

　なお、Pythonソースコードのみからなるファイルは、.pyというファイルタイプを使用する。テキストエディタを使ってソースコードファイルとColabの間で必要なプログラム部分をコピーできる。

　Colabでできることは、こうしたコードと説明等のテキストからなるファイルを.ipynb形式のファイルとして保存できることがまず基本である。PDFやHTML形式でエクスポートすることもできるが、ここでは省略する。

3.2.2　いくつかの便利な機能から

　おそらく、「挿入」タブをひとまず理解しておくとよい。他の自分のファイルからコピーしてもってくることができる。

　なお、それに加えて、コードスニペットという概念がある。コードスニペットタブには、さまざまな用途のPythonコードの断片が多数用意されていて、そこから選択して、セルの中に挿入できる。深層学習用のエイドとして、Tensorflowのサポート機能、そしてアクセラレータGPU、TPUのサポートが受けられる。また、深層学習のサンプルを利用し、小規模な実用的なプログラムの実行をそこで体験できる。

　実際の仕方としては、Colaboratoryウィンドウの左欄にある、<>のマークをクリックして、コードスニペット機能を呼び出す。使いそうな機能の一覧が表示される。その下に、そこで利用したい機能のひな型の一覧が表示されるので、「挿入」を押すと、それらがコードセルに入る。MyDriveからColaboratoryを呼び出した場合には、大きな機能は利用できないが、いくつかのよく使われそうなコード部品が並べられている。このアイデアは参考になる。Google Colaboratoryのホームページの場合、深層学習関係の枠組みコードを利用できるようになっている。それにヒントを得て、独自に開発プロジェクトに必要な枠組みコードを用意しておくことができる。ホームページを開くと、スニペットとして、そうしたコードが利用できるようにしておくという考え方もある。

第**4**章

モジュールに親しむ

4.1　NumPy

　Pythonが言語仕様の拡張として用意している標準的なモジュールが多数存在する。共通して使われる機能、あるいは、特定用途向けの機能がそれらにはまとめられている。まず、数値計算を効率よく実行するための拡張モジュールであるNumPyを紹介する。numpyについては、2章の2.5節の配列のところで触れた。

　NumPyは、多次元配列、さまざまな数値計算などにはじまり、行列演算のライブラリなども持っている。それらは、処理対象データ型を規定し、数値計算に最適化された処理をするので、実行は速い。Pythonは動的型付けの言語であり、変数には特定の型だけが入る、というような宣言はできないことを思い出してほしい。NumPyを基盤にした科学計算ライブラリとしてSciPy、MATLAB的グラフ描画を可能にするmatplotlibなどが直接的に拡張するモジュールとなっている。

　NumPyモジュールを使うには、まずnumpyをimportする。短いニックネームをつける工夫がよくみられ、np という省略名をつけることが多い。その場合には、asをつけて表し、

```
import numpy as np
```

のようにすることがよく行われる。そうすると、たとえば、NumPy中のarrayを指すには、np.arrayと記述する。あるデータがその型であるかということを判定したいときには、データ型名を指すが、その場合、NumPyのarrayは、ndarrayという型である。

　以下の記述では、numpyと書くと長いので、npというニックネームが規定されているとして扱う。

　numpyでの処理の対象は、配列が基本である。また、その基本は一次元配列、すなわちリストで表現される数値の列で、特別な形で、数値の演算を高速にできるように作られている。ただし、無限大infなどが数値として扱える。

　対象となる数値の配列は、np.array()に引数を与えて作成する。配列オブジェクトが生成される。たとえば、次のようにする。

```
a = np.array([1, 2, 3, 4])
```

これが実行されると、aには、array([1, 2, 3, 4])と表示される配列が与えられる。これらに対する演算は、たとえば、np.array()で生成した配列に対して四則演算を実行させると、その要素ごとに行われる。

```
a = np.array([1, 2, 3, 4])
b = np.array([5, 6, 7, 8])
c = a + b
```

とすると、cは、array([6, 8, 10, 12]) となる。

　数学関数、たとえば三角関数、を配列に適用すると、その要素すべてにそれぞれ実施する。四則演算の延長として、べき乗も可能で、上記のaを使って、

```
d = a ** 2
```

とすると、dは、array([1, 4, 9, 16])になる。

　NumPyで用意された数学関数等に、単独の数値を与えることもできる。そうすると、シンプルに、その演算が実行されて、その結果が返される。array()の何かに変換されるわけではない。

　また、NumPyでは、円周率定数などの定数が用意されている。円周率は、np.pi と参照する、3.14159…の数値が与えられている。自然対数の底となるネイピア数eは、np.eと参照する、2.71828…の数値が与えられている。

　これらのことをまとめる意味で、用意されている基本的な演算のための関数を次に列挙してみる。

+ np.add, - np.subtract, * np.multiply, / np.divide, % np.mod, ** np.power　などの二項演算、

np.sqrt, np.sin, np.cos, np.tan, np.arcsin, np.arccos, np.arctan, などの三角関数、

np.exp, np.log, np.log2, np.log10などの指数対数関数、

np.sinh, np.cosh, np.tanh などのハイパボリック関数、

np.abs, np.floor, np.trunc, np.ceil, np.round, np.around, np.rint, np.fix などのよく用いられる数学関数

　また、複素数を扱うこともできる、などなどがある。Numpyの全貌を知りたければ、そのための資料を読んでほしい。

　次に紹介しておくべきことは、配列に対する操作機能である。たとえば、ある配列の要素の平均を求めたい、あるいは最大値・最小値を知りたい、そして中央値を知りたい、といったことであろう。また、配列の要素の和を求める、標準偏差を求める、分散を求める、さらに進めて、相関係数を求める、といった基礎的な統計量の計算のために用意された関数などもある。

　また、行列を扱うことができるから、行列演算を行う関数も用意されている。たとえば、行列の積、ベクトルの内積、行列の固有値の計算、あるいは逆行列を求める…などについては、NumPyの中でほとんど用意されているので、それらについてはそのための関数を呼び出せばよい。

　こうした統計学的な領域についてのPythonの利用は別の本に譲りたい。これ以上のNumPy機能の紹介をここですることは控えておくことにする。

4.2　Pandas

　Pandasは、データ解析するのに適した機能を供給するモジュールである。数表のようなもの、時系列のデータなどの処理を想定した機能が含められている。データの分析をするのであれば、不特定多数のデータを順に処理していく基礎機能が不可欠になり、あるいはCSVファイルフォーマットやシンプルなテキストファイル形式のものなどの共通処理がほしくなる。データの欠損の扱いとか、あるいは時系列データによくみられる処理、そうした扱いもほしくなるだろう。そう

した機能がPandasには含められている。

　Pandasには、標準的なデータ形式のフレームワーク(DataFrame)が用意されている。DataFrameは、dfという名前で呼ばれ、dfに対して有効な関数も多数存在する。たとえば、df.plotは折れ線グラフ、ヒストグラム、あるいは散布図を、呼び出すだけで描画してくれる[1]。

　そのフレームワークは、まず、エクセルの表を思い浮かべるとよい。

　多数のデータレコード（一般に不定個）は、それぞれ、そのレコードを構成する複数のデータ項目があり、全体として表のような形で考えることができる。

　たとえば、あるクラスのある科目の成績表がつぎのようなこともありうる。

学生番号	氏名	小テスト点	レポート点	質疑	最終試験	総点	評価

　欄の個数つまりデータ項目数は、ふつう、一定数に決めておく。あまり増減することはないようにする設計が多い。上記の例では、8個の欄がある。縦方向の長さは、受講人数によりまちまちとなる。こうしたものに対して、平均をとったり、さまざまな統計処理をする。あるいは欠損値処理などが入る場合もあるだろう。

　そこで、具体的な利用法ということになる。

　まず、Pandasを利用するには、pandasモジュールをimportする。一般に、pandasモジュールにはpdと名前を付けることが多い。次のようになる。

```
import pandas as pd
```

そのうえで、Pandasの機能を使ってプログラムを作っていく。実際のイメージの理解のために、簡単な利用を図4.1に示しておく。pd.describe()を呼び出すことで、データの概要を表示させている。

　この入門の読者は、Rなどの別の言語についても学習しているかもしれない。この本の目標は違うところにある。その意味で、今回はPandasの紹介はこの辺でとどめておきたい。

1.なお、細かな指定をした可視化には、matplotlib がある。

```
import pandas as pd
df = pd.DataFrame({
    "ID" : [1011, 1012, 1013],
    "小テスト" : [15, 18, 20],
    "最終試験" : [85, 90, 75]
})
print(df)
print(df.describe())

       ID  小テスト   最終試験
0    1011    15     85
1    1012    18     90
2    1013    20     75
         ID        小テスト        最終試験
count   3.0    3.000000    3.000000
mean 1012.0   17.666667   83.333333
std     1.0    2.516611    7.637626
min  1011.0   15.000000   75.000000
25%  1011.5   16.500000   80.000000
50%  1012.0   18.000000   85.000000
75%  1012.5   19.000000   87.500000
max  1013.0   20.000000   90.000000
```

図4.1　pandas の利用例

4.3　グラフ表示に matplotlib の pyplot を使う

　グラフもセルの中のコードで作成し、表示できる。たとえば、pandasのベースであるmatplotlib
のpyplotを使った次の例を示す。縦軸、横軸のラベルを付け、それぞれの値を与える。ここでは
基本となる折れ線グラフを作っている。

```
import matplotlib.pyplot as plt
price = [100, 250, 380, 500, 700]
number = [1, 2, 3, 4, 5]
plt.plot(price, number) # グラフを書く
plt.title("price / number") # グラフのタイトル
plt.xlabel("price") # x軸のラベル
plt.ylabel("number") # y軸のラベル
plt.show() # 表示する
```

この実行結果は次の図4.2に示す。シンプルに、さっとグラフを表示できる。matplotlibには棒
グラフやパイチャートを書く機能もある。いろいろな機能があるが、紹介はこの辺にしておく。

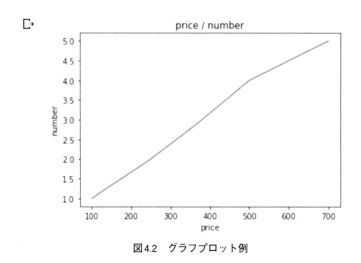

図4.2　グラフプロット例

4.4　Gensim

4.4.1　Gensimとは

　大きな分野としては、自然言語処理(Natural Language Processing, NLP)と呼ばれる領域のためのモジュールが複数存在する。その中で、Gensimをまず紹介する。

　まず、その名前の由来からはじめる。Gensimは、"Generate Similar"に由来する。2008年頃に始まった、教師無し学習によるトピックモデリングのための、オープンソースのNLPライブラリプロジェクトが出発点である。教師無し学習は、機械学習の中で、学習させる際に、教師すなわち望ましさに対する指標を前もって与えないものを指す。どんなグループに分けられるかわからない未観察のテキストデータセットを説明できるような、データの類似点を見つけ、「トピック」を生成していくときに使うライブラリモジュールで、Generative statistical modelに関するものである。

　別の見方をすれば、トピックモデリング(Topic Modeling)は、「トピック」と呼ばれるグループを形成させ、それを分析する分野である。多数の文書データの中で使用されている単語のグループ（トピック）を話題として扱う。https://pypi.org/project/gensimにモジュール概要がある。NLPとIR（情報検索）分野を意図して開発・維持が進められている。また、そのホームは、https://radimrehurek.com/gensim/にある。

　Pythonで、ネット上で飛び交っているテキストを処理したい場合、そうした応用に向いたモジュールが存在する。TwitterなどのSNSにアクセスしてツイートテキストを取り込んだり、あるいは、ネット上に蓄積されているテキストデータベースをアクセスしたり、あるいは、メールやアクセスログ、Webサイト、などを解析したり、そうしたテキストデータに対するいろいろな処理を、身近なものにする機能が用意されている。

4.4.2　Gensimで扱うデータ：ドキュメント

　Gensimは、自然言語処理の中核的モジュールで、自然言語のテキストを扱う。ドキュメントと

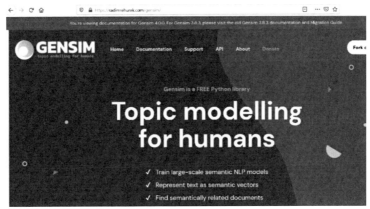
図4.3　Gensimプロジェクトホームページより

いうのは、なんらかのテキストのことである。文字の並びであり、Pythonの文字型のデータで扱われるようなものである。段落一つ分のテキストくらいのイメージがあるが、一ツイートとか、ニュース一つとか、論文アブストラクトとか、時には、一つの小説とか、あるいはそれらの集合体など、巨大なサイズのテキストデータである場合もある。巨大になるほど、その内容がどんなものなのか、把握することそのものが難しい課題になる。Gensimは、"Generate Similar"であるから、その解析の対象となるような文字の並びの類似性に関して、ということである。この文字の並び、シークエンスとかストリームと呼ばれることもある、は特定の構造も持たず、ただ並んでいるものである。それがどんな意味を持っているのか知りたい、というのが動機になる。しかも、本質的に教師無し学習に向いた話であり、そのドキュメントテキストの分類などを前もって指定しておくわけではなく、生成的に類似するテキストからなるグループを統計的手法で扱うための機能が含められている。

4.4.3　コーパスとトピックモデリング

Gensimで想定している自然言語処理機能は、計算言語学的アルゴリズムを提供して、自然言語テキストに関する次の三つの目的に関して役立つ支援機能として構成されている。

1)「コーパス」(8.1.1で説明) としてまとめたものに中に含まれる単語に関して、どんな単語が他のものより多く表れているか
2) それらテキストデータのグループを作れるか
3) それらテキストデータの背景にあるテーマを推定できるか？

これらがGensimでのトピックモデリング機能と呼ばれるものである。すなわち、トピックとは、そのコーパステキストでのテーマや内在している概念あるいは意味のことであり、トピックモデリングとは、それらテキストをモデルと呼ばれる、コンピュータ処理可能な形に変換して保持し、利用可能なものとして用意するプロセスである。

そうなってくると、テキストというものは、もともとの何かの共通性があるかたまりの中で、その中に含まれる特徴的単語の確率的な分布をともなって具象化されたものともいえる。つまり

潜在的なグループの存在を想定されているテキスト群を区分けしようとする動機が根っこにある。ただし、一つのテキストが一つのグループにのみ属するということは仮定できないという前提を持っている。そして、それが実用的にはどんなことに使えるかということになる。

第一に、そのテキストが何のテーマについて、どんなことを含めているかを知る手助けになる。大きくはテキスト要約 (text summarization) ということになる。

第二に、文書テキストのグループ化の手助けになる。たとえば、たくさんのニュースが入っているテキストファイルから、テーマごとのテキストグループに分けたりするような場合である。

第三に、共通するトピックを持つテキスト素材を見つけ出すことが、アクティブな活用につながる可能性がある。たとえば、リコメンデーションに役立つ可能性がある。新しい未知のテキストが現れたときに、それが属する可能性があるグループを推定したいということもでてくる。

Gensim は、NumPy 上に構築されており、Latent Semantic Analysis (LSA/LSI/SVD), Latent Dirichlet Allocation (LDA), Random Projections (RP), Hierarchical Dirichlet Process (HDP), word2vec deep learning などのアルゴリズムが実装されている。ここでは LDA を用いたトピックモデリングを中心にする。LDA は、2013 年に Facebook の研究者の発表論文で紹介されて、広く知られるようになったが、もともとの論文は、David Blei, Andrew Nh, Michael Jordan らによって 2003 年に発表されたものである。そして、Gensim の機能の中核の一つとなった。ただし、トピックモデリングは LDA が最初ではない。1988 年に特許が認められた LSI モデルなどもある。のちに紹介する Scikit-learn にも LDA は含まれている。

Gensim 使用例の紹介は、のちに扱う重要なテーマになる。

4.5　データセットの入手とNLTK

4.5.1　テストデータセットをどうやって入手するか

Gensim に与えて分析する練習をするには、対象となるデータ群をどうやって入手するか、ということも大きく、それが分析の一丁目となる。マイクロブログでの発言を集めたり、リアルタイムの情報の分析も行われる。学習あるいは手法開発用には過去データを分析してみる、などのことが役に立つ。

実際にも使われ、現在もデータが加えられているものに、IMDb（インターネットムービーデータベース）がある。映画等の感想やコメントが集められていて、たとえば、Amazon.com その他の映画のレイティングでは、IMDb の数値などが付されている。見てみるとよい。その中には、映画やテレビ番組などへのコメントに加えて、俳優についての評価なども入っていて、さまざまな解析が試みられている。またテストで利用される。整理された IMDb データベースはスタンフォード大学でまとめられた過去データによるファイルなども存在する。図4.4は、その README ファイルの先頭部分である[2]。

---

2. そこでは、次の表記がある。「When using this dataset please cite our ACL 2011 paper which introduces it. This paper also contains classification results which you may want to compare against.」 ACK2011 の該当部分の URL は http://www.aclweb.org/anthology/P11-1015 である。

```
Large Movie Review Dataset v1.0↓
↓
Overview↓
↓
This dataset contains movie reviews along with their associated binary↓
sentiment polarity labels. It is intended to serve as a benchmark for↓
sentiment classification. This document outlines how the dataset was↓
gathered, and how to use the files provided. ↓
↓
Dataset ↓
↓
The core dataset contains 50,000 reviews split evenly into 25k train↓
and 25k test sets. The overall distribution of labels is balanced (25k↓
pos and 25k neg). We also include an additional 50,000 unlabeled↓
documents for unsupervised learning. ↓
↓
In the entire collection, no more than 30 reviews are allowed for any↓
given movie because reviews for the same movie tend to have correlated↓
ratings. Further, the train and test sets contain a disjoint set of↓
movies, so no significant performance is obtained by memorizing↓
movie-unique terms and their associated with observed labels.  In the↓
labeled train/test sets, a negative review has a score <= 4 out of 10,↓
and a positive review has a score >= 7 out of 10. Thus reviews with↓
more neutral ratings are not included in the train/test sets. In the↓
unsupervised set, reviews of any rating are included and there are an↓
even number of reviews > 5 and <= 5.↓
```

図4.4　IMDbのREADMEより

　後述するScikit-learnにもネットのニュースグループデータテキストがあるようだ。いずれにせよ、どこかからかデータテキストを持ってくることが出発点になる。そうした場合、テキストの形式がまったく整っていなかったり、それ以後の処理で求めるテキスト形式になっていない、などのことに直面する。すくなくとも、行の切れ目、改行文字の置かれ方、に正則性はないと思わないといけない。などなどずるずるといろいろなことが出てくる。

4.5.2　NLTKからのテキストデータの取り出し

　あちこちにサンプルとなるテキストデータの入手先は存在する。いわゆるビッグデータを持ってくる際に必要な機能をまとめたライブラリモジュールもあり、それらを使って実際のビッグデータあるいはそのアーカイブを持ってくることもできる。ここでは、NLTK(Natural Language ToolKit)を紹介する。

　NLTKのサイトは、https://www.nltk.org/にある。NLTKには、WordNetへのインタフェース、あるいはさまざまなコーパスデータとその参照法なども含まれている。知る限りほとんど英文である。これを利用することで、前処理をして、自分が行いたいトピック分析の出発点にしたり、手法の確認などができる。実際的な処理を理解するには、試してみるに限る。

　8章では、Gensimの使用例として、NLTKに含まれているコーパスの中からロイター記事をサンプルとして取り出して使っている。

4.5.3　どんなものが含まれているか

```
import nltk
nltk.download()
```

を実行すると、ダウンローダを呼び出すことができる。ダウンローダは、対話的に利用できる。

何をダウンロードするか、リストするか、などから選んで実行する。いずれも脱出するには、q (quit) を入力する。

　まず、l (list) を入力すると、収められているデータのリストが表示される。図4.5にその最初の実行例を示す。大量なので、一定数ずつ区切られて表示される。必要であれば、リターンを押して全体をながめていくことができる。

```
  import nltk
nltk.download()

...  NLTK Downloader
     ---------------------------------------------------------------------
        d) Download   l) List   u) Update   c) Config   h) Help   q) Quit
     ---------------------------------------------------------------------
     Downloader> l

     Packages:
       [ ] abc................. Australian Broadcasting Commission 2006
       [ ] alpino.............. Alpino Dutch Treebank
       [ ] averaged_perceptron_tagger Averaged Perceptron Tagger
       [ ] averaged_perceptron_tagger_ru Averaged Perceptron Tagger (Russian)
       [ ] basque_grammars..... Grammars for Basque
       [ ] biocreative_ppi..... BioCreAtIvE (Critical Assessment of Information
                                Extraction Systems in Biology)
       [ ] bllip_wsj_no_aux.... BLLIP Parser: WSJ Model
       [ ] book_grammars....... Grammars from NLTK Book
       [ ] brown............... Brown Corpus
       [ ] brown_tei........... Brown Corpus (TEI XML Version)
       [ ] cess_cat............ CESS-CAT Treebank
       [ ] cess_esp............ CESS-ESP Treebank
       [ ] chat80 ............. Chat-80 Data Files
       [ ] city_database....... City Database
       [ ] cmudict............. The Carnegie Mellon Pronouncing Dictionary (0.6)
       [ ] comparative_sentences Comparative Sentence Dataset
       [ ] comtrans............ ComTrans Corpus Sample
       [ ] conll2000          CONLL 2000 Chunking Corpus
```

図4.5　NLTK download()

よく知られたものでは、Blown Corpus, reuters benchmark corpus, 歴代米国大統領の演説 (Inaugural Address Corpus)、などさまざまなものがあるのがわかる。一度一通り見てみるとよい。社会科学的には、おそらく、まずreutersデータを使ってみるのがよくあることになろう。

4.5.4　reuter記事の読み込み

　そこで、ダウンローダのメニューに対して、ロイター記事のダウンロードを指定してみる。これをするには、d reutersと入力する。図4.6に示す。

```
---------------------------------------------------------------------
   d) Download   l) List   u) Update   c) Config   h) Help   q) Quit
---------------------------------------------------------------------
Downloader> d reuters
    Downloading package reuters to /root/nltk_data...


---------------------------------------------------------------------
   d) Download   l) List   u) Update   c) Config   h) Help   q) Quit
---------------------------------------------------------------------
Downloader> q
True
```

図4.6　Reutersダウンロード

実行が終了すると、上記の例でのように、

```
Downloading package reuters to /root/nltk_data…
```

と表示され、次のDownloader> に戻るから、qを入れる。左のファイルフォルダをクリック
し、/root/nltk_data をみると、reuters.zip が入っているのがわかる。図4.7にその時のファイ
ルフォルダ表示を示す。

図 4.7　reuters.zip のダウンロード後

もし、このreuters.zipをダウンロードして、自分のパソコンに持ってきたければ、その行で、右
クリックして、あらわれるメニューの中から、「ダウンロード」を選択する。すると、パソコンの
ダウンロードフォルダに入ってくる。2021年、4月現在、約6MBのzipファイルである。図4.8
にその内容を示す。あるいは、MyDriveにコピーしておいたりすることもできる。

図 4.8　reuters.zip の内容

READMEを見ると、このデータは、Reuters-21578 ApteMod versionというもので、「研究用

に限り」自由配布ができ、パブリック利用可能である等々の表明が書かれている。

　その中のtrainingには7769文書、testには3019文書含められている。90カテゴリーがそれぞれについて示されていて、cats.txtにある。ほとんどの文書は1カテゴリに属していて、複数カテゴリのものはわずかである。一部を無作為に取り出すと、つぎのようになっている（図4.9）。

```
 98 |test/15016 earn↓
 99 |test/15017 sugar↓
100 |test/15020 earn↓
101 |test/15023 earn↓
102 |test/15024 acq↓
103 |test/15026 earn↓
104 |test/15027 earn↓
105 |test/15028 earn↓
106 |test/15029 earn↓
107 |test/15031 acq↓
108 |test/15032 earn↓
109 |test/15033 corn grain↓
110 |test/15037 acq↓
111 |test/15038 heat↓
112 |test/15043 soybean oilseed wheat sunseed sorghum corn grain↓
113 |test/15045 jobs↓
```

図4.9　reutersのtraining内testフォルダの一部

これらのnltkに収められたデータを確保したら、それを利用して、Word Cloud的な利用はもちろん、さまざまな処理をすることができる。また、nltkには、いろいろな機能が用意されており、それらを使うことで、ファイルを使って別で処理せずに、Pythonプログラムの中で、より高度な解析もできる。

4.5.5　nltkに用意されている機能から

　Reutersデータでいうファイルは、ニュース一つ一つである。それらのニュースを特定してNLP処理するなら、reuters.sents()を使って取り出すと便利である。また、Reutersデータセットで想定しているニュースカテゴリをそのまま活用するなら、categories関連の機能を利用できる。これらをまとめて以下に記しておく。

```
from nltk.corpus import reuters
```

を入れておくと、reutersデータに対して、次のような処理ができる。reuters以外であれば、そのモジュール名をreutersではなく与えればよい。

　reuters.fileids()：reutersに含まれているファイルのIDのリストを返す。大量なので、そのままプリントすることは避けた方がいい。例えば、"test/15026"といったIDがリストに含められる。

　その他、次のような処理ができる。

reuters.raw(ファイルID)：文字列「ファイルID」で指定されたファイルのテキスト (raw data) が返される。

reuters.categories()：reutersのカテゴリーの一覧リストが返される。

reuters.sents(ファイルID)：指定したファイルの、単語分けした文の、リストが返される。

reuters.sents(categories=カテゴリー文字列のリスト)：カテゴリーを指定して、そのカテゴリーの文のリストが返される。例えば、reuters.sents(categories=["corn"])

4.6　Scikit-learn

Scikit-learnは、データ分析的な意味での機械学習 (machine learning) のライブラリを形成している。名前の前半、Scikitという部分は、SciPyツールキットの拡張であるという意味を持っている。SciPyは、NumPyの上位機能のモジュールという位置も持っていて、それがさらに機械学習ライブラリ機能を加えることで、大きなライブラリとなっている。機械学習の一機能として、深層ニューラルネットワークによる学習、すなわち、深層学習機能の使用例も多数紹介されている。実際的なシステムもScikit -learnを用いて作られ、発表されている。その意味で、前節までで紹介されたNumPyやPandasからすると、一段高い位置にいるモジュールである。

Scikit-learnを利用するには、scikit-learnモジュールをimportする。一般に、scikit-learnモジュールにはsk-learnと名前を付けることが多い。そこで、次のようにする。

```
import scikit-learn as sk-learn
```

そのうえで、Scikit-learnの機能を使ってプログラムを作っていく。

少なくとも、Scikit-learnのサイト https://scikit-learn.org/stable/ を順にすべて見ていくことは大変に有用である。そこから多くのことを得ることができるだろう。本書では、これらは今後の課題としていくことになる。

2021年1月の時点での最新版は、0.24とされている。すなわち、まだ、バージョン1と呼ばれてはいないことにも注目したい。コミュニティ開発により進歩が進められている。

scikit-learn.orgのトップページでは、六つの大きい領域が示されていて、それぞれについて、

分野・領域	意味	応用例	主要アルゴリズム
分類 （Classification）	あるオブジェクトが属するカテゴリーを識別する	スパム検出 画像認識	SVM Nearest neighbors Random forest 他
回帰 （Regression）	あるオブジェクトに関連する連続値属性を予測する	Drug response 株価予測	SVR Nearest neighbors Random forest 他
クラスタリング （Clustering）	類似したオブジェクトの自動グルーピングと集合化	顧客セグメンテーション 実験結果のグルーピング	k－Means spectralクラスタリング mean-shift 他
次元低減 （Dimensionality reduction）	考慮対象とするランダム変数の個数を減らす	ビジュアリゼーション 効率向上	k-Means, feature selection, non-negative matrix factorization 他
モデル選択 （Model selection）	パラメータやモデルの比較、妥当性、選択	パラメータチューニングによる精度の向上	Grid search, cross validation, Metrics 他
前処理 （Preprocessing）	特徴抽出と正規化	入力データの変形	前処理 特徴抽出 他

どんな応用があるか、関連する特徴的アルゴリズムにはどんなものがあるか、そしてその例、などが並べられている。表にしておいた。

　https://scikit-learn.org/stable/auto_examples/index.htmlにそれぞれの領域の例が紹介されている。そこから一部を抜き出して（2021年1月時点のサイトより）、クラスタリング部分の先頭ページを図4.10に紹介する。

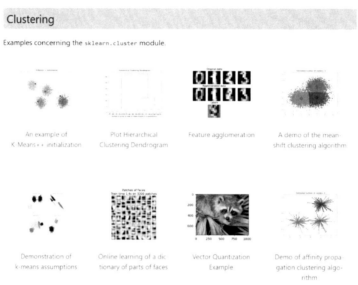

図4.10　scikit-learnホームページ内クラスタリングの先頭ページ
（2021年1月現在）

　この他に紹介すべきモジュールとしては、spaCyがある。これについては、6章で具体的に紹介するので、ここでは割愛する。他にも客観的に網羅する上では紹介したいモジュールはある。また、ここで紹介したモジュールについても、網羅的には記述していない。本書では、必要な順番で必要な時に、必要な部分を導入することで学びやすくしていることは、ここまで読んできた読者にはご理解を頂けると期待している。本文全体を読み終えたところで、対象としている機能についての入門が完了するように、数年の経験で本書の構成を組み上げている。

## 第5章

データファイルの
読み書き

5.1　文字コードと日本語テキストデータの扱い

さまざまなテキストデータファイルを読み書きできるようにすることをここでは扱う。テキストデータでも、Excel等の表言語で扱うような定型フォーマットをもった構造データもあるが、ここでは、テキスト処理の対象としてよく見られる、ファイル中のレコードの長さも性質もまちまちなファイルを念頭に記述を進める。コメントを集めたテキストファイルや、SNSなどでの記事、あるいはノート類などをイメージしている。そのような文書からなるファイルを扱うには、まず、使用されている文字コードと、そのファイル上へのエンコーディングについて、理解する必要がある。

Python等の多くの現代のプログラミング言語では、文字コード標準、つまり平たく言えば文字をあらわす番号付けの表、としてはUnicode、そのエンコーディング、つまり実際にコンピュータに載せるときの表現法、としては、UTF-8を前提としているものが増えている。Windowsでは、いわゆるJISコードに対するシフトJIS（SJS）エンコーディングが使われている。文字コード標準と、そのファイルへのエンコーディングを合わせて、「文字コード」と呼んでいるケースが多い。Pythonプログラム中では、SJSのファイルを扱うこともできるが、Pythonが前提としているUTF-8に変換しておくことが汎用性の点でも便利である。

次に行の区切りのことがある。これは、オペレーティングシステムでの標準がある。MacやUnixあるいはLinuxでは、LFコード一字が行の区切りとして使われている。Windowsでは、CRとLFの2字が行の区切りとして使われている。CRコードのみで区切られるファイルも存在する。

実際的な処理を紹介する。ここでは、青空文庫からサンプルとして、「幸福の王子」（オスカーワイルド著、結城浩訳）を用いる。原文の先頭部分は、青空文庫では、次のように格納されている。段落ごとに、空行で区切られている。各段落には複数の文が入っている。

町の上に高く柱がそびえ、その上に幸福の王子の像が立っていました。王子の像は全体を薄い純金で覆われ、目は二つの輝くサファイアで、王子の剣のつかには大きな赤いルビーが光っていました。

王子は皆の自慢でした。「風見鶏と同じくらいに美しい」と、芸術的なセンスがあるという評判を得たがっている一人の市会議員が言いました。「もっとも風見鶏ほど便利じゃないがね」と付け加えて言いました。これは夢想家だと思われないように、と心配したからです。実際には彼は夢想家なんかじゃなかったのですが。

「どうしてあの幸福の王子みたいにちゃんとできないの」月が欲しいと泣いている幼い男の子に、賢明なお母さんが聞きました。「幸福の王子は決して何かを欲しがって泣いたりしないのよ」

「この世界の中にも、本当に幸福な人がいる、というのはうれしいことだ」失望した男が、この素晴らしい像を見つめてつぶやきました。

5.1.1　文字コードとエンコーディングのまとめ

日本語テキストを処理するには、いくつかの下準備が必要となる。大きな点は、次の二つを意識することである。

1) 処理したいファイルテキストの文字コード

2) 英語を想定した既存アプリでの処理

　1) 処理したいファイルテキストの文字コード：これはUNICODE文字をUTF-8でエンコード
されていることがPythonプログラムの中での前提となっている。他のコードのファイルをまっ
たく行えないわけではないが、絶対的に不可欠な場合を除いて、さまざまな文字コードのファイ
ルをそのまま使用することはトラブルの元になるし、処理がかえって煩雑になる。したがって、
さまざまなテキストが使用する文字コードとそのエンコーディング手法にはいろいろなものがあ
りうるが、必要なコード変換をどこかで誰かが実施しておくのが自然なこととなる。

　既存のファイルを扱うのであれば、前もってコード変換をしたファイルを作っておくのが簡明
な方法になる。つまり、UTF-8テキストに前もって変換したファイルを作っておく。その場合、
Pythonプログラムの中では、コードの処理を考えずに済むことになる[1]。

　2) 英語を想定した既存アプリでの処理：多くの既開発のアプリケーションモジュールは、英
語もしくはそれに準ずる自然言語を想定して作られており、その場合、入力となる自然言語テキ
ストは空白文字で単語が区切られている。既開発のアプリケーションモジュールを用いることは
賢明な策である。だから、英語などの日本語とは異なる言語テキストの処理を前提としたプログ
ラムを使って、日本語テキストの処理をすることが便利になる。これらの処理の実際が課題とな
る。日本語テキストをUTF-8化することが第一歩である。

　日本語の文章の中では、かならず「空白文字で単語が区切られている」ということはない。そ
こで、Pythonでなくとも、日本語テキストを処理するソフトウェアはいつもこの課題に対する処
理を下準備として扱う必要がある。自然言語解析での最初のステップでもある「分かち書き」処
理がそれで、単語単位に空白文字で区切っておくことで、コンピュータ処理の可能性を一段と増
すことができる。この「単語」という単位を、言語学的な単位にあわせることができれば、品詞
を使った処理やさまざまな言語学的処理をすることができる。これには「形態素解析」と呼ばれ
るソフトウェアを利用する。

5.1.2　UTF-8によるエンコーディングの統一

　コンピュータの事務処理利用の発端から、この文字コード処理の問題があった。文字コードそ
のものと、そのコードの文字列をどのように実際に使用するファイルの中へエンコードするか
という、大雑把に言って、二つの課題がある。その歴史や技術的詳細はここでは触れない。まず
1960年代以来、IBMメインフレームで扱っているコード体系(EBCDIK)は、国産メインフレー
ムのJISコード体系と異なっていたし、90年代から隆盛を示したWindowsのエンコーディング
Shift-JISは、UNICODEのエンコーディングUTF-8あるいはUTF-16とは異なるものだった。
Unixでは、EUCというエンコーディングが長く使われている。

　本書の考え方では、Colabで処理されるファイルはすべてUNICODE、エンコーディングは
UTF-8で扱い、他のコードとの間の変換は外部でやっておくとしている。しかし、Colab内で一
括変換する必要があるかもしれない。その場合、一番シンプルな変換の方法は、既存の変換プロ

1.最近、Windows上でもUTF-8ファイルの使用が増えているともいわれる。

グラムをColabのコード内で呼び出すことである。たとえば、90年代初期から用いられてきたnkfというコマンドツールを利用して、ファイルのコードを確認し、また、コード変換をする方法である。Unix/Linux系がnkf開発以来の利用システムだが、他のOS、Windowsなどでも利用できる。使用するコンピュータに存在していなければ、外部から持ってきてインストールする。nkfは、Colabノートブックのコードセルの中でコマンド的に利用できる。

　まず、ファイルの中身がどんなコードであるか調べるのは、

```
!nkf -g file_name
```

あるいは、

```
!nkf --guess file_name
```

のようにする。実行させると、そのファイルの文字コードを教えてくれる。

　実際にコード変換をするには、-w というオプションを付けると、元がなんであっても、元のファイル名のまま、自動的にUTF-8 に変換してくれる。

```
!nkf -w --overwrite file_name
```

元のファイルを取っておき新しいファイルに出力する方法、あるいはUTF-8ではなく、他のコーディングに変換する方法、あるいは、ファイル中のレコード区切り（cr・lfなど）を変更する方法などさまざまなオプションが用意されている。また、同じ効果を出す別のオプション記述の方法もある。

　こうした外部機能のセットアップとその利用はノートブックの中ででき、起動されたその時だけでなくセットするには、!でなく、%を付ける。

5.1.3　ファイルは前もってColab外で準備しておく

　これらのことを総合的に判断して、著者は、できるだけデータファイルは前もって変換してしまうことを前提として考えるようにしている。その変換には、テキストエディタの機能を使うことが多い。テキストエディタの多くは、出力の際に、使用する文字コードと改行コードを設定できる。

　Pythonでのテキストファイルの読み書きの方法に入っていく。プログラム中でデータファイルを読み書きする基本的な枠組みは次のようになる。

1）データファイルをオープンする。その時にファイル名、そのファイルの、ファイルシステム中でのパスを指定する。
2）読み込み、書き込みなどの実際の入出力を行う。
3）処理が終わったら、そのデータファイルをクローズする。

これに必要な文、その時のオプションなどを学んでおいて、実際のプログラミングでは、それらを使って記述する。オープンする際に、読み込み専用で開く、といった指定もできる。ファイルのオープンとは、そのあとの読み書きに参照するファイルオブジェクトを、オープン時のパラメータを使って、作ることである。読み込みには、read()、readline()、readlines() などのメソッドが用意される。文字列として読み込まれる。変数にそのファイルオブジェクトを代入し、それを参照しながら、入出力処理をする。読み込み開始の位置を変更したりする方法などもあるが、ここでは触れない。

　書き込みには、write() 等が用意されているが、行の区切りの書き込みについて、既存ファイルへの追加書き込みについてなど、いくつかの注意点・実用上便利な機能がある。読み込みの後で、書き込みの説明をする。

5.1.4　Colabでファイルを使えるようにする

　Colabの置かれている位置の説明から出発する。Colabは次のような環境で使っている。

A. Colabのノートブックは、Googleのクラウド上に置かれたノートブックファイルを、ブラウザを通してのぞいている。そこに書き込んだり、修正したりして、利用する。

B. そのノートブックの利用を支える環境が用意されている。そのファイルシステムがLinux的に見えるようになっている。そして、そのプログラムで利用する外部機能は、このファイルシステム上の正しい位置に置かれていれば利用可能となる。データファイルも同じことになる。

C. したがって、もっともストレートなデータファイル等の置き場は、Googleドライブ上ということになる。自分のMy Driveを「マウント」しておき、その中のデータファイルをアクセスする。

そこで、Colabノートブック中で、My Driveをマウントする方法を扱うことになる。それには大別して二つある。ひとつは、そのノートブックの左欄のメニュー機能を使ってマウントすること、もうひとつは、Pythonプログラムの中で、マウントすることになる。前者は、簡単な操作である。

　My Driveをマウントするには、いずれにしても、Googleアカウントが必要であるし、マウント時点でその認証が求められる。左欄のメニューの中でマウントするには、ファイルの中を見ていくと、そこに、ドライブマウントのタブがある。それをクリックして、指示に従ってマウントする（図5.1）。

　ブラウザ上では、平面的にまわりの表示と連続しているようだが、入力した指示は、遠い遠いGoogleのクラウド上で機能させるので、実行がスムースに即座に完了するわけではない。応答を確認しながらゆっくりと実行することも必要になる。あせらないこと。ドライブがマウントされると、/content/driveの下に、MyDriveが現れる。

　左欄で、そのMyDriveをクリックして、その中を見ていくことができる。利用しようとするファイル名があらわれていればOKである。

　なお、いろいろやってしまってうまくいかなくなったと思ったら、上のタブの中の「ランタイ

図5.1　MyDrive のマウント

ム」をクリックして、「再起動」をすることでうまくいくようになることが多い。

5.2　ファイルの読み込み

5.2.1　一括読み込み：read()

ファイルの内容を一括で一つの文字列として読み込むには、read()を用いる。小さなファイル
の場合には、一括読み込みが便利なことが多い。ただ、read()をすると、ファイルの中身が一度
にメモリに読み込まれるので、ファイルの大きさも気にする必要がある。

```
f = open("/content/drive/MyDrive/HappyPrinceUTF8.txt", 'r')
whole_data = f.read()
print(whole_data)
f.close()
```

町の上に高く柱がそびえ、その上に幸福の王子の像が立っていました。　王子の像は全体を

王子は皆の自慢でした。　「風見鶏と同じくらいに美しい」と、　芸術的なセンスがあるとい

「どうしてあの幸福の王子みたいにちゃんとできないの」　月が欲しいと泣いている幼い男の

「この世界の中にも、本当に幸福な人がいる、というのはうれしいことだ」失望した男が

図5.2　read()による全体の一括読み込み

基本通りに、オープン・一括読み込み・処理・クローズをするプログラム例を図5.2に示す。
上記のプログラム例では、一括読み込みをしている。open()の際に、ファイルのパス名を与え
る。また、第二パラメータとして、'r'を与え、読み込みであることを指定している。そしてread()
する。print表示で表示されるのは、先頭で紹介したファイルの通りになっている。空行は、原文
の空行がそのままあらわれている空行である。終了したらクローズしている。
次の例（図5.3）では、同じことを、with … as という構文で記述している。この場合、with
を抜けると、自動的に close()する。

```
file_path = "/content/drive/MyDrive/HappyPrinceUTF8.txt"
with open(file_path, 'r') as f:
    s = f.read()
    print(s)
```

図 5.3　with open の利用

5.2.2　行単位で読み込む：readline()

　一方、行単位で読んで処理することがふさわしいケースもある。その場合には、readline()を使う。readline()を実行すると、一行読み込み、その行末文字も含めて文字列としてその行の内容を返す。空行、すなわち行末文字だけの行、を読むと、行末文字だけを返す。readline()をして、もう読み込むものがないと、すなわちEOFだと、0が返される。0は、Falseの意味と等しい。したがって、行単位に処理をして、全データを扱う場合、次のような構造をすることになる。

```
line = f.readline()
while line:
    一行入力に対して処理をする文
    ...
    line = f.readline()
f.close()
```

```
f = open("/content/drive/MyDrive/HappyPrinceUTF8.txt", 'r')
line = f.readline()
while line:
    print(line)
    line = f.readline()
f.close()
```

町の上に高く柱がそびえ、その上に幸福の王子の像が立っていました。　王子の像は全体を薄い金

王子は皆の自慢でした。　「風見鶏と同じくらいに美しい」と、　芸術的なセンスがあるという評判

「どうしてあの幸福の王子みたいにちゃんとできないの」　月が欲しいと泣いている幼い男の子に

図 5.4　readline() による読み込み

　図5.4にサンプルを示す。

　ただし、readline()を使って読み込むと、行末文字もそのまま文字列の中に入ってくる。上記の実行例を注意してみてほしい。表示の際に空行が増えている。実行したい作業によっては、これは困る。そういう場合には、f.read().splitlines() などとして行末文字を削除することができる。なお、splitlines()はリストを返すので、これもやりたいことと照らし合わせて適切な処理を選ぶ

必要がある。あるいは結果全体をその後リストから一つの文字列にすることなどが役立つこともある。日本語処理の場合には、多くの場合、次には分かち書き処理をすることになる。それに形態素解析を使うのであれば、使用するツールで要求している形式にしやすい方法を選択することになる。

5.2.3　全体をリストに読み込む：readlines()

readlines()というメソッドが用意されている。readlines()を使うと、全体を一度に読み込むが、入力テキストは、リストの形で格納される。この方法によって読み込むと、行単位に区切られているので、リストを扱う構文を利用することで、テキストファイルの処理が楽になることがある。図5.5に例を示す。

```
file_path = "/content/drive/MyDrive/HappyPrinceUTF8.txt"
with open(file_path, 'r') as f:
    s = f.readlines()
    print(s[0], s[1], s[2], s[3])
```

町の上に高く柱がそびえ、その上に幸福の王子の像が立っていました。　王子の像は全体を薄い純

王子は皆の自慢でした。　「風見鶏と同じくらいに美しい」と、　芸術的なセンスがあるという評

図5.5　readlines()による読み込み

print表示では、リストとして読み込まれた入力のうち、s[0][1][2][3]を順に4行表示している。すなわち、実行例では青空文庫の形式だから、最初の4行とは、最初の四つの段落を表示していることになる。図ではその一部分だけの表示になっている。また、print()は、with openの構文の中に入っているが、字下げしなくとも動作する。どちらが表記上良いかということはある。

5.2.4　どの読み込み方法を使うか？

どういう方針で考えるか迷うことがある。おそらく、何ギガバイトもあるような大きなファイルを読み込む場合には、read()あるいはreadlines()を使って全体を一度に読み込むことは、ふつう、適さないだろう。しかし、それよりも問題は、あとの処理でどんなフォーマットが要求されているか、どんな形式で扱えばその後の処理に便利か、ということが大きい。特に既存モジュールの処理機能を使って処理するなら、その機能が求める形式にしなければ処理できない。

また、入力するファイルの形によっては、一度に求める形にしてくれる前処理機能が使えることがある。目的と経験により、これらを体得していく必要がある。

5.3　ファイルの書き込み

ファイルへ書き込みを行うには、write()を使う。ファイル名はopen()の際に指定する。open()

の呼び出しの際に、二つ目のパラメータとして、書き込み方法を指定する。また、テキストファイルの出力にはエンコーディングを指定しておくと明確になる。それを三つ目のパラメータで指定する。したがって、一般形は次になる。

open(パス名、書き込み方法、エンコーディング指定)

パス名の記述は、すでに示した読み込みの際と同じである。書き込み方法は、'w', 'a', 'x'の三通りがある。

'w' の場合には、そのファイル名が存在していなければ、新規に作成する。そのファイル名のファイルが存在していれば、その内容を消して、新しく作る。

'a' の場合には、既存であれば、それまでの内容のうしろに追加書き込みをする。

'x' の場合、すでにその名前のファイルが存在していれば、エラーになる。

エンコーディング指定は、当面、UTF-8を使うので、encoding="UTF-8"と書く。基本はこれであり、省略できる[2]。

書き込みは、write()で行う。パラメータとして、文字列を与える。その文字列が書かれる。注意したいのは、行末文字が勝手に付加されることはない。だから単にどんどんとwrite()していくと、出来上がったファイルは、全体として一行のテキストファイルになる。必要であれば、行末文字\nを明示して書き込む（少なくとも一つ、最後に\nが置かれるべきである）。終了したらclose()を実行する。

シンプルなファイル書き込みの例を次の図5.6に示す。自分のMy Driveにtarget.txtが作られる。この例は学習のために作られ、変則的な記述だが結果は二行のファイルになる。

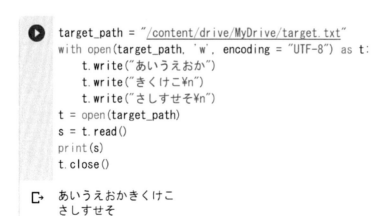

```
target_path = "/content/drive/MyDrive/target.txt"
with open(target_path, 'w', encoding = "UTF-8") as t:
    t.write("あいうえおか")
    t.write("きくけこ¥n")
    t.write("さしすせそ¥n")
t = open(target_path)
s = t.read()
print(s)
t.close()
```

```
あいうえおかきくけこ
さしすせそ
```

図5.6　write()による書き込み

---

2. もし、直接Windowsで扱うファイルにするなら、encoding="shift_jis" とすることができる。

　リストを与えて、その要素を順に書き込むwritelines()も用意されている。writelines()では、パラメータとして出力するデータを、リスト形式で一度にすべて与える。行末文字は明示的に与える。たとえば、次のような形式のリストを渡すと、3行のテキストになる。

```
["一行目\n", "2行目", "2行目後半\n", "3行目\n"]
```

　リストは、その要素のインデクスを指定して、値を変更できることも思い出そう。write()とwritelines()も用途によって使い分ける。

【open時のモード指定とencoding指定】

　読み書きともに、open時には第2パラメータとして、'r', 'w', 'a', 'x'が書けると述べたが、これらはキーワードパラメータとして書くこともできる。例えば、mode='r'のように書く。この方がはっきりしていてよい面がある。後述の例では、mode指定として記述している例も示している。
　encoding指定の実際として、おそらく使う可能性があるのは、UTF-8、シフトJIS、EUCだろう。書き方の実際を次に示しておく。

```
encoding = 'UTF-8'
encoding = 'shift_jis'
```

## 第6章

自然言語処理(NLP)する

6.1　NLPに便利なPythonの構文

6.1.1　文章文字列から単語のリストあるいはセットを作る

　第2章で示したリストおよびセットをうまく利用できることが、楽に、楽しく、NLPするもっとも基本的な方法である。英語のような単語の分かち書き（ひとまず空白文字で単語が区切られること）ができている言語の場合には、特に便利な構文がPythonでは用意されている。また、単語の分かち書きができている言語での文を文字列として持つことを想定したツール・常套手段が、Gensimはじめ NLPに関連するモジュールでは用意されている。ここではそのようなPythonで用意されている機能について紹介する。

　最初に紹介するのは、split() というメソッドである。これを使って文字列を区切り、結果のリストを返すことができる。

```
sentence = "this is a pen and is cheap"
word_list = set(sentence.split())
```

という例を考えてみる（図6.1）。特別な指定をしなければ、「空白文字」で区切る。空白文字には、スペース、改行文字、タブが含まれる。これらが連続する場合には、まとめて扱われる。改行文字\nや、タブ\t を除去せずに活かしたいのであれば、split(' ')のように、スペースだけを指定する。

```
sentence = "this is a pen and is cheap"
word_list = sentence.split()
print(word_list)

['this', 'is', 'a', 'pen', 'and', 'is', 'cheap']
```

図6.1　split()で文字列を区切る

　多くの場合、split()とsplit(' ')は同様の効果である。ただし、次の図6.2の例に注意してほしい。今、「pen」のまわりには、二字のスペース文字があるとする。そうすると、二字の連続したスペース文字は、空文字を結果の中に生み出すことになる。多くの場合、これはうまくない。

```
sentence = "this is a  pen  and is cheap"
word_list = list(sentence.split(' '))
print(word_list)

['this', 'is', 'a', '', 'pen', '', 'and', 'is', 'cheap']
```

図6.2　split(' ')で文字列を区切る

　しばしば、こうして作った単語の集まりを、セットとして扱いたいことがある。セットとリストの違いは、順序が保たれているかということ、そして同じ単語はセットでは一つだけになると

いうこと、である。セットでは要素の出現順は保たれず、順序を守らなくてよいのであれば、処理系は、検索等を意識した高速化手段を伴うことができる、という実用上の特性を持たせることができる点が大きい。これにより、ある単語が、あるグループの中にあるかを高速に検索する実装を容易に実現できる。図6.3に例を示す。

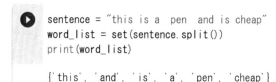

```
sentence = "this is a  pen  and is cheap"
word_list = set(sentence.split())
print(word_list)

{'this', 'and', 'is', 'a', 'pen', 'cheap'}
```

図6.3 区切った結果をセットにする

　セット（集合）は、その名のように、ユニークな要素の集合であり、作る際にはset()で作られ、表示は、中括弧、'{'と'}'、で囲まれる。出力の表示を見比べて、セットとリストの違いを確認してほしい。セットでは、結果の単語リストに現れる単語の順序は保たれない。そして、重複する単語があれば、一つだけになる。多くのNLP関連機能では、「リストの中から探す」というような場合に、対象はリストではなく、セットでよい。しかも、セットの場合には、重複する単語は含まれない。また、セットは、ハッシュ表などの高速処理のできる実装技術を使って実装されることを想定でき、その場合、あるものがセットの中にあることを探す操作を高速にできる。

　つまり、要素数が、10個でも1000個でも、もっと多くても、同一時間でサーチできるように処理系を作ることができる。このことは、「多くの単語の中に、ある単語が含まれているかを調べる」ことが多いNLPでは大きな威力になる。

　もちろん、日本語テキストであっても同様に動作する。図6.4に例を示す。セットの要素の順は、入力の要素の順とは無関係になることに再び注意したい。

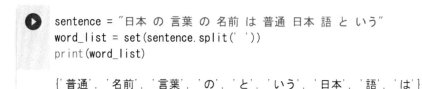

```
sentence = "日本 の 言葉 の 名前 は 普通 日本 語 と いう"
word_list = set(sentence.split(' '))
print(word_list)

{'普通', '名前', '言葉', 'の', 'と', 'いう', '日本', '語', 'は'}
```

図6.4 日本語テキストを区切り、セットにする

6.1.2 リスト・セットに対する「単語 in リスト・セット」処理 : 条件を満たす要素に絞る

　これは構文を説明するより例を見た方が早い。

```
stopwords = {'a', 'the', 'an', 'it', 'is', 'are', 'this', 'that', 'they', 'we'}
sentence = "this is an example sentence that needs processing"
processed = [token for token in sentence.split() if token not in stopwords]
print(processed)
```

のように記述すると、まず、stopwordsというセットが作られ、次にsentenceが作られる。そして、条件を満たす要素に絞った単語のリストを作る。そこでは、リスト内包表記が使われている。sentenceの中の単語をsplit()して作り出し、そのそれぞれをtokenに入れるが、その時、stopwordsに含まれていないtokenだけを要素にしている。それをprintで確認している。図6.5に実際の実行例を示す。stopwordsがリストだと、毎回順に調べられるが、セットだと高速になる。

```
stopwords = {'a', 'the', 'an', 'it', 'is', 'are', 'this', 'that', 'they', 'we'}
sentence = "this is an example sentence that needs processing"
processed = [token for token in sentence.split() if token not in stopwords]
print(processed)
```

```
['example', 'sentence', 'needs', 'processing']
```

図6.5　stopwordsにあるものは取り除いた単語のリストを作る

たとえば、複数の文がリストの要素として集められていることがある。

```
document = ["this is an example sentence that needs processing", "they are we
enjoy reading"]
```

そのとき、documentの要素を順に取り出して繰り返す構文が用意されている。

```
for sentence in document
```

とすることで、document リストの各要素を順にsentenceとして処理することを記述できる。結果はリストのリストになる。全体のリストの要素はリストである。図6.6を見てほしい。

　なお、この実行例でのプログラム記述は、文の途中で、次行に残りを送っている例にもなっている。文法の適切な区切れ目では、改行して次行に継続することができる。

　この辺になると普通の意味でのPython入門編からはすでに脱出して実用編ともいうべき内容ともいえる。ちょっと難しいかもしれない。文法的な説明など、細かなことはここでは省略している。複数文からなる段落に対して、各文の文字列からなるリストを作り、それらに対して、対象としない単語を除去している過程をイメージしてほしい。

　この処理は、日本語テキストでも同様に使える。

```
stopwords = {'a', 'the', 'an', 'it', 'is', 'are', 'this', 'that', 'they', 'we'}
document = ["this is an example sentence that needs processing",
            "they are we enjoy reading"]
processed = [[token for token in sentence.split()
                if token not in stopwords] for sentence in document]
print(processed)

[['example', 'sentence', 'needs', 'processing'], ['enjoy', 'reading']]
```

図6.6 複数の文を処理する例

6.1.3 simple_preprocess()について

Gensimのutilsの中に、simple_preprocess()という機能がある。これを利用すると、文章の中で、共通的にみられる除外対象をとりのぞいたり、整形したりしてくれる。

```
import gensim
sentence = "He has one-third of an apple pie.  It's good! "
processed = gensim.utils.simple_preprocess(sentence)
print(processed)
```

このようにすることで、対象文の中から不要な語を取り除いてくれる。また、日本語テキストについても、一定の整形、除去をしてくれて、結果の単語リストを返してくれる。おそらく日本語テキストについての処理は順に改良されていくだろう。図6.7に、二つの実行例を示す。

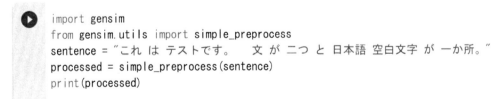

```
[1]  import gensim
     from gensim.utils import simple_preprocess
     sentence = "He has one-third of an apple pie.  It's good!"
     processed = simple_preprocess(sentence)
     print(processed)

     ['he', 'has', 'one', 'third', 'of', 'an', 'apple', 'pie', 'it', 'good']
```

```
import gensim
from gensim.utils import simple_preprocess
sentence = "これ は テストです。  文 が 二つ と 日本語 空白文字 が 一か所。"
processed = simple_preprocess(sentence)
print(processed)

['これ', 'テストです', '二つ', '日本語', '空白文字', '一か所']
```

図6.7 simple-preprocess()の二つの実行例

この図6.7の例からいくつか読み取ることができる。

1.　「It's」は、「it」に、ピリオド、感嘆符、ハイフンなどは取り除いてくれる。また、大文字を小文字に変換してくれている。英文の場合に、あきらかに取り除くべき言葉をのぞき、NLP対象語をひとまず絞ってくれるので使うべきだと感じる。

2.　多くの日本国内でネット上などで見ることのできる例では、ほとんど日本語テキストをsimple_preprocessしている例がないので、不安があったが、実行してみると、「。」は取り除いてくれるし、助詞も取り除いてくれる。全角の空白文字も取り除いてくれた。「、」も取り除いてくれた。また、後述する日本語の形態素解析では、「ました」は、「ます」と「た」になる、そのつもりでsimple_preprocessに、「ます　た」と入れてみると、「た」だけが消えた。理由はよくわからないが、「文」が取り除かれている。2021年5月時点でもそうなる。よくわからないが、問題はないのかもしれない。引き続き注意が必要だろう。

3.　このような状況から、ひとまず本書では、英文の処理には、simple_preprocess()をかけることを勧めたい。一方、日本語文の場合には、これ以後、その時々の目的やいきさつによって、使ったり使わなかったり、説明したりしなかったりしている。形態素解析器を使って、品詞を特定して残すことができるので、明確な説明が見つからなかったsimple_preprocess()を日本語処理に使うのには、まだためらいがある。別の側面でいえば、本書の中での日本語等についてのsimple_preprocess()の使用は、テストをした時の状況によって、利用の仕方にばらつきがある。状況がもう少し進むまで、そのままにすることにしている。ご理解願いたい。

6.2　spaCyでテキスト解析

6.2.1　分かち書きという出発点

　日本語の処理をはじめるには、まず、テキストファイルを空白文字で単語が区切られた形式に変換することが出発点になる。それには、単語の品詞等の情報を持っている辞書を使って、**形態素** (morpheme)の列に分割する形態素解析ツールを用いる。たとえば、直前の文から例をとれば、「空白文字　で　単語　が　区切られた　形式　に　変換する　。」といった形に修正し、加えて、単純に分けるだけでなく、品詞等の情報を活かして処理できるように単語の「基本形」、すなわちレンマあるいは形態素、にさらに直す。これによって語彙をまとめることが楽になり、後の処理に役立つ。たとえば、「区切られた」を、「区切る　れる　た」のように分けられれば「区切る」という言葉の検索や頻度チェックなどに便利になる。これには、形態素解析ツールを利用するのが一般的である。

　なお、書物によってはいろいろな言葉がこの働きに関して用いられている。**レンマ化、タギング（品詞付与）、分かち書き**、基本形にする**Stemming**（日本語ではおおむね辞書形、英語ではおおむね語幹、に）、表記の**正規化**（空き缶と空缶の統合など）などである。本書ではなるべく平易に表現を進めていく。

6.2.2　GensimでNLPするために共通すること

　まず、spaCyというモジュールがあり、ここに基本的なテキスト解析器がはいっている。これ

を用いて、テキスト解析をする。そしてそのあとで、Gensimにあるさまざまな機能を使って処理を進める。本書では、このspaCyに入っているGiNZAを使って日本語の形態素解析を説明していく。なお、英語の解析にはen_core_web_ {sm, md, lg} を使って形態素解析できる。

GiNZAは形態素解析にsudachiを利用している。解析に使用する辞書は、sudachiDicが使われる。形態素解析により、対象となるテキストを最小の単位、すなわち形態素に分け、解析する。

基本的な処理は、次にまとめたように、前処理と、共通するNLP処理がある。このあとでやりたいことに合わせて、さまざまなツールを使ったり、独自のコーディングをしたりしていく。

共通する前処理
(1)spacy.load して、nlp() を得る
　日本語の場合、GiNZAを起動するために、spacy.load('ja_ginza') を実行する
　英語の場合、spacy.load('en_core_web_md') などを実行する
(2) 除外語リストを用意する
　これにはさまざまな方法がある
共通するNLP処理
(1) 対象テキストを、一文づつ、nlp() する
(2) 解析対象語だけに絞っていく
　(i) nlp() プロセスの形態素解析での各語の品詞を見ながら、不要語を取り除く
　(ii) 必要に応じて、除外語リストを用いて、不要語を取り除く

前処理としては、まず、自然言語処理の中核機能をするnlp() をspaCyから読み込む。spaCyにある日本語解析器として利用するのはGiNZAであり、spacy.load('ja_ginza') を実行することで読み込まれる。英語を処理する場合には、spacy.load('en_core_web_lg') などを実行する。辞書の大きさで、_sm, _md, _lgと三種類が用意されている。次に、処理対象以外の単語（除外語、stopwords）を用意し、除外する。手作業で、もしくは既存の単語リストで、あるいは既存のデータセットを使うのであれば、それに付属している単語リストで行う。このリストは、順序を問わないので、高速処理ができるセット型で持つことが多い。除外単語、すなわち stopwords、のリストを使った除外をしなくても、日本語テキストの形態素解析をすることで済む場合もある。

こうした共通的な前処理を終えたら、ロードしたnlp() を使って、NLP処理に入る。核となる形態素解析である。日本語テキストの場合、単語ごとに空白文字で区切られていないので、念頭におくべきNLP処理には、「分かち書きにする」、ということが入る。英文等のすでに分かち書き相当がされている言語のテキストの場合には、分かち書きにする、というイメージはあまり強調されない。けれども、It'sといった短縮形や、動詞であれば過去形その他の語尾の変化もある。こうした細かな違いのある表現をテキスト的な処理の中で同じものをカウントしたりするので、基本形、別の言い方をすれば、辞書にあらわれる形式、辞書形、に変換しておくことが望ましい。そして、各単語の品詞を推定し、それを表す品詞名を各単語に割り付けてもらう。多くの場合、解析対象となる単語としては、文章の性質を決定する言葉として、名詞、動詞、形容詞、を残す場合が多いだろう。それ以外も十分ありうる。これを単語の品詞を見ながら絞っていく。また、この時に、手作業的に、対象外とする単語を、除外語リストを用いて取り除いていく。なお、この過程で、日本語で言えば、係り受け、英語では、bigramあるいはtrigramなどの分析をしたい・それが役に立つ場合もある。それらについては入門の範囲でないので、本書では扱わない。ただ、

gensim.models.Phrasesには、関連する機能があり、それらを調べてみるのもよい。この機能を使って、「機械」と「学習」に分けられるのを、「機械_学習」にすることなどを指定するのにも使える。

このnlp()による処理結果は、文書全体の解析結果を保持するオブジェクトに入れられる。そこから、取り出して、必要な処理に、順に利用していく。

英文の解析の場合には、3通りの形態素解析器が用意されている。

```
en_core_web_{sm, md, lg}
```

である。これらを使うには、前もって、pip install しておく必要がある。

```
!pip install spacy-lookups-data
```

などにより、必要なデータがロードされる。ただ、実行環境のバージョンによっては動作しない可能性もある。辞書を特定したインストール方法もある。また、_mdがちょうどよいという説明もあるが、21年に入っての記述では、_md は存在せず、smとlgだけになっているらしい。詳細は流動的といえる。

なお、spaCyでは、2.3版から日本語対応を打ち出すようである。ちなみにここでは、2021年5月時点のColabの標準の実装をそのまま使っていて、それでは、spacyは2.2.4版である。2.3版からはspacy.load('ja')でロードできるとされる。6月には2.3になった。サイトによると、Chinese, Danish, Polish, Romanian, Japaneseがモデルに新しく加わったと記されている。日本語の辞書は、SudachiPyが使われるとのこと。本書では、確実に使用できるja_ginzaとそれに対応するsudachidictをロードして使用する。

6.2.3　GiNZAでの最初の解析例

GiNZAは、spacyのimportのあとで、spacy.load('ja_ginza')という呼び出しにより、形態素解析ツールを、そのPythonプログラムに組み込む。組み込まれたツールに、文章を与えて、解析対象のオブジェクトを作る。

GiNZAではどんな解析をしてくれるのか、実際の例で見てみる。nlp()すると、形態素解析がされ、各単語について、いくつかの属性に分けられて、形態素情報が与えられる。例えば、基本形（レンマ）、品詞コード（あるいは品詞名）、品詞タグなどである。属性名には最後に下線記号が付けられている。

次の例（図6.8）では、二文を与えてNLPし、その結果に対して、順に、

区切られた単語(token.orth_)、
基本形(token.lemma_)、
品詞コード(token.pos_)、
品詞タグ(token.tag_)

を表示させることで概要を理解できるようにしている。

　次に、このtoken_lemma_ をつなげていけば、解析対象を作ることができる。

　nlp()の結果のオブジェクトに対して、.sentsを指定すると、区切られた文の文字列のリストが与えられる。図6.8に実際のプログラム例を示す。この例では、二文あり、外側のfor では、文を区切り、順に解析対象の文に対応する列をsent にいれ、内側のfor により、sent中の単語token のそれぞれに対して、番号(token.i)、元のトークン(token.orth_)、形態素(token.lemma_)、品詞コード(token.pos_)、品詞情報(token.tag_)を順に表示させている。なお、単語に対して指定して取り出せる情報はほかにもある。

```
import spacy
nlp = spacy.load('ja_ginza')
doc = nlp("空白文字で単語が区切られた形式に変換する。なかなか使いやすいかも。")
for sent in doc.sents:
    print("対象文：", sent)
    for token in sent:
        print(token.i, token.orth_, token.lemma_, token.pos_, token.tag_)
```

```
対象文：　空白文字で単語が区切られた形式に変換する。
0 空白 空白 NOUN 名詞-普通名詞-形状詞可能
1 文字 文字 NOUN 名詞-普通名詞-一般
2 で で ADP 助詞-格助詞
3 単語 単語 NOUN 名詞-普通名詞-一般
4 が が ADP 助詞-格助詞
5 区切ら 区切る VERB 動詞-一般
6 れ れる AUX 助動詞
7 た た AUX 助動詞
8 形式 形式 NOUN 名詞-普通名詞-一般
9 に に ADP 助詞-格助詞
10 変換 変換 VERB 名詞-普通名詞-サ変可能
11 する する AUX 動詞-非自立可能
12 。 。 PUNCT 補助記号-句点
対象文：　なかなか使いやすいかも。
13 なかなか なかなか ADV 副詞
14 使い 使う VERB 動詞-一般
15 やすい やすい AUX 接尾辞-形容詞的
16 か か ADP 助詞-副助詞
17 も も ADP 助詞-係助詞
18 。 。 PUNCT 補助記号-句点
```

図6.8　GiNZAを使った形態素解析例

　token.pos_ が、品詞コードである。取り出したtoken.lemma_ が何であるか、この品詞コードを使って判断するケースが多くなる。図6.8の例では、各tokenに対して、NOUN, ADP, VERB, AUX, PUNCT などと解析された単語の列になっているのをみることができる。

　この品詞コードは、spaCyでは共通する名称となっている。後で紹介するMeCabなどでは別の表現になり、また、英語文は対象としていない。品詞コードの留意点はいろいろある。たとえば、名詞NOUNと固有名詞PROPNは区別されている。複合名詞は分離されるかどうかなども、

指定によって設定できるようになる可能性がある。まだ進化する可能性がある機能である。

　解析に必要な情報から余分な単語は省いておくとよい。つまり、その token.lemma_ (形態素) を、品詞コード (token.pos_) を見て判断して対象としないようにする。表6.1 に品詞コードをしめす。一般には、INTJ, PUNCT, SYM, X などは除外する。おそらく、何をやりたいかによるのだが、DET, CONJ, SCONJ, ADP, PART なども多くの解析では不要として除外することもあるだろうし、他のものもいらないのがあるかもしれない。

表6.1　品詞コード

品詞コード	品詞	例、備考
VERB	動詞（名詞＋する　含む）	
AUX	助動詞	
ADJ	形容詞（形状詞、連体詞等含む）	美しい、豊かな、
NOUN	普通名詞	
PROPN	固有名詞	東京
PRON	代名詞	
NUM	数詞	
ADV	副詞	
DET	限定詞	この、その
CONJ	接続詞	と
SCONJ	従属接続詞	て
ADP	設置詞（格助詞、副助詞、係助詞）	が、しか、こそ
PART	接辞（終助詞、接尾辞）	何時です'か'、深'さ'
INTJ	間投詞	あっ
PUNCT	句読点、補助記号、括弧	
SYM	補助記号（PUNCT以外）	
X	その他	空白

　なお、実際に実行すると、このほかに SPACE という品詞コードがあり、6.5節で使っている。

6.2.4　品詞で絞る：英文テキストの場合

　次に、英文テキストに対して、品詞を見て、絞っていく例を紹介する。同じように、token.pos_ を見て、対象品詞であるかを調べる。最初にするのは、インストールである。

```
!pip install spacy download en_core_web_sm
```

という方法もある。その後、次のようなプログラムを実行できる。

```
import spacy
nlp = spacy.load('en_core_web_sm')
# 簡単に一文だけnlp()してみる
doc_data = nlp("this is a pen for writing Python documents")
lemmatized = [token.lemma_ for token in doc_data if token.pos_ in ['NOUN', 'ADJ',
'VERB', 'ADV']]
print(lemmatized)
```

　図6.9に実際のプログラム実行例を示す。ここではNOUN, ADJ, VERB, ADV以外を除外する指示をしている。この例などをじっくりと見ることで、いろいろなことができるように発展してほしい。この先は読者にゆだねることにし、この辺にしておく。

```
import spacy
nlp = spacy.load('en_core_web_sm')
# 簡単に一文だけnlp()してみる
doc_data = nlp("this is a pen for writing python documents")
lemmatized = [token.lemma_ for token in doc_data if token.pos_ in ['NOUN', 'ADJ', 'VERB', 'ADV']]
print(lemmatized)

['pen', 'write', 'document']
```

図6.9　英文テキストを解析する

6.3　GiNZAで、日本語テキストの形態素解析

6.3.1　GiNZAのインストールと利用

ここでGiNZAについてまとめておく。GiNZAには三つほどの特徴があると考えている。

1. Pythonの利用を意識したAPIとなっている。たとえば、「基本形」である形態素を取り出す、品詞の種類の表現が扱いやすい、などがある。
2. インストールが容易で簡単
3. 使用する辞書の語彙が比較的新しい

　GiNZAは、2021年5月時点では、次のpipを実行すれば、その環境にインストールされる。

```
!pip install ginza sudachidict_core
```

辞書としては、sudachidict_coreを使用する。のちに、必要であれば、辞書項目の追加等のカスタマイズが可能である。

動くと思っているプログラムが動作しない。どうしたらいいか??　!pipによるインストール等がどうもうまくいかないが、理由は不明という場合

この場合、ノートブックの上の方にあるタブの中の「ランタイム」をクリックして、プルダウンメニューを開き、「再起動」を実行させてから、もう一度実行させてみると、何事もなかったかのように、ちゃんと実行することが多い。

6.3.2　日本語形態素解析でのツール・辞書：Sudachi と Mecab

　形態素解析ツールは、その解析をする上で、辞書を利用する。同じツールでも、使用する辞書が変われば、解析結果に大きな影響を受ける。専門用語向けの辞書の追加なども、分野別の対応としては威力を発揮する。名詞だけでなく、動詞も、ある特定の使われ方をすることがあるが、良い辞書を利用することで、それらへもかなり対応できるようになる。

　一般的な辞書で、グローバルな価値が認められ、またさまざまな言葉に対しての対応が進んでいるものに WordNet がある。WordNet インタフェースは、NLTK モジュールに例がある。そこで示された Web サイトなどに具体例を引くことができる。

　こうした辞書に加えて、ここで利用するのは、日本語の形態素解析に適した辞書である。また、大学などでの自由研究や入門教育に利用するには、無料であることも重要である。大学の開発によるもので、当初はこれしかないというのが、茶筌 (ChaSen) というツールで、1990 年台から使われていた。解析に利用する品詞体系は、当初は違ったが、IPA で作られた IPAdic を使うようになり、その体系に合わせられ、利用者が増えたと理解している。また、辞書の充実という課題が独立して語られるようになった。Mecab も ipadic を使うことが当然のようであった。unidic が登場し、次第にその使用例が報告されるようになった。

　さて、Mecab を用いる場合、多くは unidic-lite という形態素解析辞書を使用する例が中心である。unidic-lite は、国立国語研究所のコーパス開発センターにサイトを置く Unidic プロジェクト (https://unidic.ninjal.ac.jp/) の成果の軽量版という位置を持っている。fugashi という形態素解析モジュールがあり、unidic-lite をバンドルしている。

　Unidic は、IPA 品詞体系を参考に、国語研究所が中心となって開発された形態素解析辞書であり、そのマニュアル (https://www.gavo.t.u-tokyo.ac.jp/~mine/japanese/nlp+slp/ UNIDIC_manual.pdf) を見ると、次の特徴がある。

　　・国立国語研究所で規定した「短単位」という揺れがない斉一な単位で設計されています。
　　・語彙素・語形・書字形・発音形の階層構造を持ち，表記の揺れや語形の変異にかかわらず同一の見出しを与えることができます。
　　・アクセントや音変化の情報を付与することができ、テキスト音声合成などに利用することができます。

　その後もいくつかの辞書が発表され、使用可能になっている。GiNZA では、SudachiDict のコア版を使っている。

　GiNZA の中核となる形態素解析器は sudachi である。Sudachi は 2000 年代初期から開発が進められていた。一方、Python でもその他のプログラミング言語でも、以前からよく用いられた、MeCab と呼ばれる形態素解析エンジンがある。オープンソースで、2000 年代当初から工藤拓氏により開発されていた。源流は ChaSen と同じであるが、これらの利用ができることで、今日の日本語処理は共通の土俵を持つことができ、実用上も多くのシステムがこの便宜を受けている。MeCab の利用は長い歴史があり、さまざまなプログラミング言語・ツールで利用されてきた。MeCab は、オープンソースであることが活かされ、さまざまなシステムの中に組み込まれ

ている。Pythonでも、MeCabモジュールが用意されていて、importすることで利用できる[1]。

　Mecabを利用したいという場合も考えて、その利用方法についても触れておく。まず、mecab-Python (Python用のMeCab) とそれが使用する辞書をColabにインストールする。辞書は、unidic-lite を指定している。例として次の四つのコマンドを実行する方法を示しておく。

```
!apt install aptitude > /dev/null 2>&1
!aptitude install mecab libmecab-dev git make curl xz-utils file -y > /dev/null
!pip install mecab-Python > /dev/null
!pip install unidic-lite > /dev/null
```

この実行を一度すれば、そのColabファイルには、mecab-Python とそれが使用する辞書がインストールされる。その後は、次の図6.10のような仕方で、その機能を利用できるし、それにより、テキスト解析のためのプログラム中でMeCabが使える。ただ、spaCy GiNZA などの場合と比べて、どちらが目的からみて使いやすいかを確認してからの方が良い。

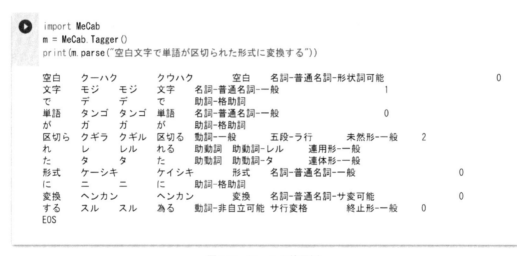

図6.10　Mecabの使用例

これは、入力「空白文字で単語が区切られた形式に変換する」に対して、

　「空白 文字 で 単語 が 区切る れる た 形式 に 変換 為る」

と変換したことを意味する。最後の「する」に対して、「為る」としているのは、unidic-lite の辞書データの内容による。

---

1. 正確には、Python に対して、外部プログラムとしての MaCab をバインドして橋渡しするような組込みを前もってしておく、あるいは、そうしてある Python を利用する。

6.4 spaCyでコサイン類似度を調べる

テキストやそれを構成する単語の単位で類似度(Similarity)を調べることができる。簡単な例を実行させてみた。一つは、NLPしたテキスト同士の類似度で、

```
text1.similarity(text2)
```

のようにして計測する。0から1の間の数値が得られる。単語は、辞書形式のレコードを作ってお

```
# similarity のテスト
import spacy
nlp = spacy.load('ja_ginza')
text1 = nlp("本日は晴天なり")
text2 = nlp("今日は晴れだ")
text3 = nlp("晴天は名詞だ")
for token in text1:
    print(token.lemma_, token.pos_, token.vector[:3])
for token in text2:
    print(token.lemma_, token.pos_, token.vector[:3])
print("text1とtext2の類似度は：", text1.similarity(text2))
for token in text3:
    print(token.lemma_, token.pos_, token.vector[:3])
print("text1とtext3の類似度は：", text1.similarity(text3))
word_dict = {}
for w in text1:
    word_dict[w.text] = w
print("晴天と本日の類似度は：", word_dict["晴天"].similarity(word_dict["本日"]))
for w in text2:
    word_dict[w.text] = w
print("晴天と晴れの類似度は：", word_dict["晴天"].similarity(word_dict["晴れ"]))
```

```
本日 NOUN [0.16496383 0.03710905 0.24801373]
は ADP [-0.05035316 -0.15731327 -0.08336552]
晴天 NOUN [0.2992628  0.09144199 0.19158538]
なり AUX [-0.01718861 -0.08304659 -0.05275092]
今日 NOUN [ 0.02633424 -0.10075113  0.185528  ]
は ADP [-0.05035316 -0.15731327 -0.08336552]
晴れ NOUN [ 0.22861527 -0.0514723   0.3239306 ]
だ AUX [-0.00213766 -0.24814133 -0.10832316]
text1とtext2の類似度は： 0.8210488854949582
晴天 NOUN [0.2992628  0.09144199 0.19158538]
は ADP [-0.05035316 -0.15731327 -0.08336552]
名詞 NOUN [0.0010218  0.12343732 0.08040967]
だ AUX [-0.00213766 -0.24814133 -0.10832316]
text1とtext3の類似度は： 0.7477690758373847
晴天と本日の類似度は： 0.27165166
晴天と晴れの類似度は： 0.65819937
```

図6.11 similarity()による類似度の計算

いて、その中の単語を指定して類似度を計測する。たとえば、次のようにする。

```
word_dict["晴天"].similarity(word_dict["晴れ"])
```

辞書形式としては、キーとしてその語のテキスト、値として、その語をNLPしたオブジェクトを与える形式にする。

　図6.11に例を示す。この例では、「本日は晴天なり」という文を扱ってみた。文を構成する単語のレンマと品詞、そしてそのベクトル表現の最初の3次元を表示してみている。「本日は晴天なり」と「今日は晴れだ」との類似度は、0.821、「本日は晴天なり」と「晴天は名詞だ」との類似度は、0.7477となっている。また、晴天と本日は0.27の類似度、晴天と晴れの類似度は0.658で、あきらかな違いがあることはわかる。

6.5　GiNZAで「幸福の王子」テキストの分かち書き化

　題材として、第5章でファイルの読み込みの例に利用した青空文庫の「幸福の王子」テキスト（本文のみ）を利用する。そのテキストからモデルを作成し、そのうえで、テストとして、そのテキストを分析してみる。やはり分かち書き化が重要なステップになり、実際的な対処が必要なのでそれを説明する。

　実際的な手順としては、このテキストをUTF-8に変換したものをまず作る。次に、形態素分析ツールを使って分かち書きにする。ツールとしては何を使ってもよいが、GiNZAを使った例を示す。write()は意図的に、\nなどの行末文字を書かなければ、それらが自動挿入されることはないので、結果として、余分なものはない形式にできる。出力するファイル名は、target.txtとしてある。

```
import spacy
nlp = spacy.load("ja_ginza")
file_path = "/content/drive/MyDrive/HappyPrinceUTF8.txt"
target_path = "/content/drive/MyDrive/target.txt"
t = open(target_path, "w", encoding = "UTF-8")
with open(file_path) as f:
    s = f.readlines()
    for sentense in s:
        out_sentense = nlp(sentense)
        for token in out_sentense:
            t.write(token.lemma_)
            t.write(" ")
t.close()
```

この実行例を図6.12に示す。出力ファイルができてから、あらためて、読み込みのみの属性で、

そのファイルをopen() して内容確認のための表示をさせている。青空文庫のテキストは、(短い)段落が一行になっていて、段落の区切れ目に、空行が入っている。つまり、処理するプログラム中でのsentenseには、「。」で区切られた日本語の文が複数入れられている。それは、ここでの処理目的には問題とならないし、それだけでなく、注目する単語の近傍をある程度見やすいものにしているので、行に複数の文があることは触らないで、このまま進めることにする。

　nlp(sentence)の実行により、形態素解析の結果を得て、ここでの場合は、形態素基本形(token.lemma_) を空白文字で区切って出力することで、変換した文書を得ている。

```
import spacy
nlp = spacy.load("ja_ginza")
file_path = "/content/drive/MyDrive/HappyPrinceUTF8.txt"
target_path = "/content/drive/MyDrive/target.txt"
t = open(target_path, "w", encoding = "UTF-8")
with open(file_path) as f:
    s = f.readlines()
    for sentense in s:
        out_sentense = nlp(sentense)
        for token in out_sentense:
                t.write(token.lemma_)
                t.write(" ")
t.close()
t = open(target_path, "r")
s = t.read()
print(s)
```

町 の 上 に 高い 柱 が そびえる 、 その 上 に 幸福 の 王子 の 像 が 立つ て いる ます た 。

王子 は 皆 の 自慢 です た 。 「 風見鶏 と 同じ くらい に 美しい 」 と 、 芸術的 だ センス た

「 どう する て あの 幸福 の 王子 みたい だ ちゃんと できる ない の 」 目 が 効い いと 泣く

図6.12　GiNZA を使った分かち書きへの変換

　どんなふうにnlp() が解析しているかを見ておくことも重要であり、適度な範囲で、print() をしてみて過程を理解する補助にしてみるのもよい。ただ、すべての単語のすべての情報を表示することは実用上役に立たない。次の図6.13の例は、単語の品詞情報(token.pos_)をテスト的に単語の直後に表示させている。図6.13は、その部分だけ直した図6.12のプログラムと実行結果の一部である。

　次に、句読点や空白文字は、出力しないようにしてみた。空白文字は、品詞コード(token.pos_)としてSPACE、句読点やカッコなどはPUNCTであるので、それらの場合には、出力をスキップするために、

```
if not token.pos_ in ["SPACE", "PUNCT"]:
```

としている。図6.14に実際のプログラムを示す。全体で、1行のテキストになっている。

```
        for token in out_sentense:
                t.write(token.lemma_)
                t.write(token.pos_)
                t.write(" ")
t.close()
t = open(target_path, "r")
s = t.read()
print(s)
```

⬅ SPACE 町NOUN のADP 上NOUN にADP 高いADJ 柱NOUN がADP そびえるVERB 、PUNCT そのDET 上NOUN にADP 幸福NO
SPACE
SPACE 王子PROPN はADP 皆NOUN のADP 自慢NOUN ですAUX たAUX 。PUNCT 「PUNCT 風見鶏NOUN とADP 同じDET く
SPACE
SPACE 「PUNCT どうADV するVERB てSCONJ あのDET 幸福NOUN のADP 王子NOUN みたいAUX だAUX ちゃんとADV で
SPACE
SPACE 「PUNCT このDET 世界NOUN のADP 中NOUN にADP もADP 、PUNCT 本当NOUN にADP 幸福ADJ だAUX 人NOUN が

図6.13 各単語の品詞情報を表示してみる

```
import spacy
nlp = spacy.load("ja_ginza")
file_path = "/content/drive/MyDrive/HappyPrinceUTF8.txt"
target_path = "/content/drive/MyDrive/target.txt"
t = open(target_path, "w", encoding = "UTF-8")
with open(file_path) as f:
    s = f.readlines()
    for sentense in s:
        out_sentense = nlp(sentense)
        for token in out_sentense:
            if not token.pos_ in {"SPACE", "PUNCT"}:
                t.write(token.lemma_)
                t.write(" ")
t.close()
t = open(target_path, "r")
s = t.read()
print(s)
```

⬅ 町 の 上 に 高い 柱 が そびえる その 上 に 幸福 の 王子 の 像 が 立つ て いる ます た 王子

図6.14 SPACE と PUNCT の除去

この処理結果は次のようなものである[2]。

町 の 上 に 高い 柱 が そびえる その 上 に 幸福 の 王子 の 像 が 立つ て いる ます た 王子 の 像 は 全体 を 薄い 純金 で 覆う れる 目 は 二 つ の 輝く サファイア で 王子 の 剣 の つか に は 大きな 赤い ルビー が 光る て いる ます た 王子 は 皆 の 自慢 です た 風見鶏 と 同じ くらい に 美しい と 芸術的 だ センス が ある と いう 評判 を 得る たがる て いる 一人 の 市会議員 が 言う ます た もっとも 風見鶏 ほど 便利 だ ない が ね と 付け加える て 言う ます た…

---

2. こうして作られた、幸福の王子テキストを、参考のために、Web サイトに載せておいた。その URL は、https://prof-ida.com/PublicFiles/HappyPrinceTarget.txt である。著者の活動が継続していれば、そこに残っている。

第**7**章

WordCloudで
直観を可視化

7.1　WordCloudの準備

WordCloudモジュールをimportすることで、テキスト中の単語の頻度を、その単語の頻度に比例する大きさで雲のようにならべて、可視化することができる。

英語の場合は、かなり簡単で、!pip install wordcloud してインストールしておけば、次のようにすることで、絵を書き、イメージファイルに保存することができる。

```
from wordcloud import WordCloud
text = WordCloud.対象テキストファイル
wc = WordCloud(width=640, height=480)
wc.generate(text)
wc.to_file("WCimage.png")
```

出力の設定をする際に、背景色 (background_color) を指定したりできる。

日本語の場合には、使用するフォントファイルのパスを指定する必要がある。さらに、さまざまな限定詞や接続詞などが大きくなり、それらは意味がないとしたいときには、stopwords指示で、それらの単語を無視させることができる。もちろん分かち書きテキストを作るときに、さらに品詞を指定して前もってはずしておくということもできる。次に例を示す。

```
wc = WordCloud(width=480, height=320, background_color="white",
               stopwords={"これ"、"それ"},
               font_path="<フォント名>.ttc")
wc.generate(text)
wc.to_file('/content/drive/MyDrive/wcTest.png')
```

【日本語フォントのインストール】

Colabの場合、前提として特定の日本語フォントを含むようにはされていないし、自分の表現で使いたい日本語フォントをインストールしておくことが望ましい[1]。

日本語フォントを持ってくるには、Google ドライブのMyDriveに載せたいフォントをもってくることから始める。そこからColab環境にコピーする。フォントのコピーには、その著作権に気を配る必要がある。.ttfあるいは.ttcフォントを使う。

Colab環境でフォントは、/usr/share/fonts/ に置かれるので、そこへMyDriveからコピーする。Colabの左欄で作業してもよいが、そのノートブックを閉じると使えなくなるので、利用のたびに作業する必要がある。あるいは、コードセルに、コピーコマンドを用意しておいて、それを実行するのでもよい。たとえば、次のようなコマンドになる。もちろんその前に、対象フォントをMyDriveにセットしておく必要がある。

---

1. 今後の Colab リリースで、何らかの日本語フォントを含んでいるようになるかもしれないが、それはわからない。

```
!cp /content/drive/MyDrive/ipaexg.ttf /usr/share/fonts
```

これで基本的な準備は終了になる。

7.2　WordCloudを実行し、画像を生成する

　準備ができたので、プログラムの作成をしてみよう。次がその骨組み例である。

```
from wordcloud import WordCloud
f_path = "<フォントファイルへのパス>"  # 実際の場所とフォント名を与える
stop_words = ["いる", "ます","する","です","ない","なら"]
# インスタンスの生成（パラメータ設定）
wc = WordCloud(
    font_path=f_path, # フォントの指定
    width=1024, height=640,   # 生成画像のサイズの指定
    background_color="white",   # 背景色の指定
    stopwords=set(stop_words),   # 意図的に表示しない単語
    max_words=350,   # 最大単語数
    max_font_size=200, min_font_size=5,   # フォントサイズの範囲
    collocations = False    # 複合語の表示
    )
# 文字列を与えてWordCloud画像を生成
output_img = wc.generate(word_line)
```

　ここではシンプルに、与えたいテキストを、形態素解析しないで、そのまま入力している。ただ、除外語を指定する機能（stopwords指定）が、WordCloudに含まれているので、それを使ってみている。このfont_path指定に、日本語テキストの場合には、日本語フォントを指定する必要がある。たくさん使われている単語は大きなフォントで表示される。最大単語数をあまり多く指定すると、表示される領域には、小さなフォントの多数の文字が表示されることになる。あまり小さなフォントの文字は読めないので、装飾的に入れていることになる。いろいろ試してみるとよい。

　WordCloud呼び出しの際のパラメータの説明は表7.1になる。

　作成したオブジェクトに対していくつかの出力方法がある。基本となる選択は、保存してしまうか、あるいはプログラム内で表示させるかである。

【出力画像を保存するか表示する】

　出力画像を保存するには、to_fileを次のように指定する。たとえば、

```
wc.to_file('CreatedImage.png')
```

表7.1　wordcloudのパラメータ

パラメータ	説明	設定値例
font_path	フォントの指定	前述したフォントのパス（f_path）
colormap	フォントのカラーセット （matplotlibのカラーマップで指定）	未設定（既定値：viridis）
width	生成画像の幅	1024
height	生成画像の高さ	640
background_color	背景色	white
stopwords	意図的に表示しない単語（set）	
max_words	表示する単語の最大数	350
max_font_size	最も多い単語のフォントサイズ	200
min_font_size	最も少ない単語のフォントサイズ	5
collocations	つながった単語を表示するか否か	False

のような指定である。後で、この画像ファイルを使用する。図7.1に、このようにしたプログラム例を示す。

```python
from wordcloud import WordCloud
f = open("/content/drive/MyDrive/target.txt")
whole_data = f.read()
f.close()
# IPAexゴシックフォント使用
fpath = "/usr/share/fonts/ipaexg.ttf"
wc = WordCloud(width=640, height=480, background_color="white",
               font_path=fpath, max_words=400,
               max_font_size=100, min_font_size=5,
               stopwords={"いる", "から", "ます", "する", "です", "ない", "なら"})
wc.generate(whole_data)
wc.to_file("/content/drive/MyDrive/wcTestIPA.png")
```

〈wordcloud.wordcloud.WordCloud at 0x7f00ad3420d0〉

図7.1　WordCloudの実行例

この例では、IPAフォントを使っている。使用環境や目的によって他のフォントを使うことが選択になるかもしれない。この実行結果として作られた画像ファイルwcTest.pngを図7.2に示す。

　図7.2の例のようなイメージを一度さっと作ってそれが最終的だとは言えない。入ってくる単語の吟味がそこから始まる。

　この例では、「こと」とか「その」とかが大きく表示されている。それは除外されていないから当然のことである。また、「ツバメ」と「ツバメさん」は分かれて表示されている。これもそこからどんなイマジネーションを引き起こすのか、ということとの関係になると思っている。

　また、出力画像をそのまま実行時に、表示する方法もある。ここではmatplotlibのpyplotを使う場合について、その枠組みを書いておく。

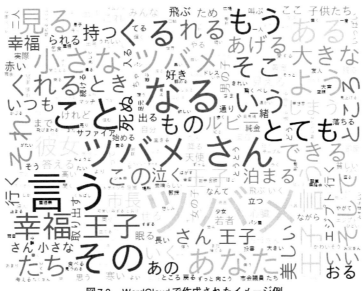

図7.2　WordCloud で作成されたイメージ例

```
import matplotlib.pyplot as plt
plt.figure(figsize=(18,15))  # figsizeで表示する大きさを指定
plt.imshow(output_img)
plt.axis("off")  # 目盛りを非表示にする
plt.show()
```

7.3　WordCloudに任意形を与える

　長方形の領域にWordCloudする方法を示してきた。ここでは、マスク画像を与えて、任意の形の領域に対してWordCloudする方法を説明する。

【基本的にすること】
　基本的には、WordCloudを呼び出すときに、maskパラメータを使用する。円とか文字の形など、表示の領域に意味を与えて、効果を増すことができる。その文字やパターンのイメージファイルを作る必要があるが、なんでもPythonの中でやる必要はない！パワポなどで作って、.jpgファイルにして、それを、ColabでPythonの世界にもってくる方法がある。マスクとしては、背景を白色、その中に図形を黒で作成しておく。あるいは、図7.3（左）のようなイラストをそのまま与えて、図7.3（右）に示すものを生成することもできる[2]。

---

2. この例は、パワーポイントのCreative Commonsライセンスの無料画像を使った。

図7.3　マスクパターンの例（左）と実行結果の画像イメージ例（右）

　wordcloudのimportに加えて、numpyモジュールのimportが、また、PILからImageのimportが必要である。先頭にそれらを入れる。そしてイメージをnumpyのarrayにして、それを変数にとっておく。たとえばそれをmask_arrayとする。

```
mask_array =
np.array(Image.open('/content/drive/MyDrive/Pattern.jpg'))
```

　このmask_arrayをWordCloudのmask= に指定する。うまくマスクして出力できないという場合には、背景を白、まわりを白で囲んだ画像にする。つまり、直接、マスク画像が画像区画のふちに触れずに、白で囲まれた図にしてみる。上記の例ではさらに、細かな設定を追加していて、アニメ画像等の場合に、輪郭の縁取りの指定が効果的になる。くっきりと外形が見えるような工夫もしている。

```
WordCloud(mask=mask_array,background_color='white',contour_width=3,
 contour_color='gray')
```

のようにする。そのオブジェクトに対して、表現したい文字列ソースを使ってgenerateし、変数に格納する。mask指定をすると、出力のサイズを指定するheightとwidthパラメータは無効になる。PILを使って、イメージを作り、続けて表示する使い方も多い。我々はその代わりにイメージファイルを出力している。

　また、複合語を表示すると部分的に同じ単語部分が別に表現される。これを避けるには、collocations=False という指定もある。いろいろと試して、理解しよう！[3]

　このようにしてできたプログラムのマスクパターンをハート形にしてみた。その実行結果を図7.4に示す。

3.こうした「道具」は、時が進むと仕様の詳細が変更されることがあるし、しっかりと仕様をチェックしないと、期待通りに動かないことがあるのは常である。それにめげないように。

```python
from wordcloud import WordCloud
from PIL import Image
import numpy as np
# マスクパターンをセットしてWCする

mask_array = np.array(Image.open("/content/drive/MyDrive/WC-HeartPattern.jpg"))

f = open("/content/drive/MyDrive/target.txt")
whole_data = f.read()
f.close()

fpath = "/usr/share/fonts/ipaexg.ttf"
wc = WordCloud(width=640, height=480, background_color="white",
               mask = mask_array,
               collocations = False,    # 複合語の中の一部重複を取る場合
               font_path=fpath, max_words=400,
               max_font_size=100, min_font_size=5,
               stopwords={"いる", "から", "ます", "する", "です", "ない", "なら"})
wc.generate(whole_data)
wc.to_file("/content/drive/MyDrive/wcHeart.png")
```

図7.4　ハート形での画像

　使い方を理解するには、自分でやってみることである。マスクパターンをたとえばつばめの絵にしてみよう。実際にやってみることでイメージが膨らむ。ここで例として扱っている「幸福の王子」ストーリの感覚をよりリアルに示せる表現に行き当たる、かもしれない。

第**8**章

トピックモデリング

8.1 LDAに取り組む

8.1.1 LDAによるトピックモデリングの流れと本章の構成

第6章の先頭で示した、共通NLPプロセスを見てほしい。これに続けて以下の処理をするのが、LDAによるトピックモデリングの流れである。

---

(1) ディクショナリを作成する、単語の出現頻度をカウントする

(2) gensim….LDAModel() して、lda_model を得る

(3) lda_model.print_topics() して、各トピックグループを表示する

(4) 必要であれば、ビジュアル表示などを試みながら様子をみる

(5) そのモデルが、適切にトピックごとに分かれているかチェックし、必要であればトピック数指定をかえて再処理

たとえば、パープレクシティを lda_model.log_perplexity() で計算するなど定量的手段を活用する

この手順に沿って説明していくが、本書では、上記の (1) および (2) を入門として詳細に扱うことに留意してほしい。(3) から (5) については、基調としてどのようなことがあるのかの説明にとどめる。(3) 以降はそこまでで用意したモデルを使った解析作業になり、解析者の意図と目的によってさまざまなバリエーションがある。それらはここまで進んできた入門の範囲を超えていて、実務的な実際の処理に大きく踏み込んでいると考えている。たとえば、対象がどのようなグループに分けられるかということを取ってみても、本来、あるテキストは一つだけの意味的グループに属しているとは固定できないから、どんな複数グループを作り、どんな意味づけで扱えるかを知る作業を助けるためにプログラミングして処理をしているわけである。したがって、試行錯誤の繰り返し、あるいは、別の手法を使ってみようという判断などを伴う作業の一部を担うことになる。ただ、そうは言っても、最終的な処理までの基本的なプログラミングの姿を知るべきであるから、解析に必要な示唆を得る作業の紹介は含める。

　構成としては、ロイターニュースを使った英文テキストの基本処理をこの8.1節の中で、青空文庫の資料を使った日本文テキストのモデリング処理を8.2節で、8.3節ではロイターニュースを題材とする扱いに戻って、モデリングといくつかの指標設定について扱う。実際の処理としては、対象がどんな性質を持っているかを知るための資料作りが大きな役割を持つので、その一つとして、Word2vecを使った処理を8.4節に含めている。解析を経て、対象となる自然言語テキストの性質を判断することは自動的に資料を出せるようにする自然言語処理プログラミングだけで担えるものではない。役割は大きくそして重いものがあることも感じてほしい。8.5節として、その先の課題に言及している。また、上記手順の手前の部分は、第6章を見直してほしい。

(0) 前提となる状況

　まずモデルを作ろうとするときには、それに使えるテキストを持っている。それはそれなりに十分に前処理されている。これをコーパスと呼ぶ。

　コーパスというのは、機械が読める形をしたテキストの、構造を持った集合ということができる。その構造は自然言語処理での有益性に基づいて設定される。corpusの複数形は、corporaである。したがって、Gensimでコーパスに関係する機能は、Gensim.corporaにまとめられて

いる。

　コーパスは意味的な解析をしようとするテキストのかたまりと言ってもいいかもしれない。あるまとまりのニュースの記事のリストや特定課題に関する論文のすべてとか、特定の人のツイートのすべてとか、そういったものである。

(1) ディクショナリを作成する、単語の出現頻度をカウントする

　ここでいうディクショナリは、「LDAモデルを作るための辞書」である。第6章などで説明したような形態素解析などの「言語解析に一般に使用する辞書」のことではない。したがって、区別のために、ここでは、「ディクショナリ」と書き、前章までの「辞書」とは区別する。このモデルを作るのに必要な情報として、「ディクショナリ」という用語は一般に使われているので、ここでは他の言葉を無理に使うことはしない。

　このディクショナリは、文あるいは文書を解析するうえで必須のものである。簡潔に言ってしまえば、ディクショナリは、

　　「文中で利用されている単語のテキスト的表現と、単語IDとして使われる『番号』との対応表」

である。これを基にしてLDA的な処理のある手法では、出現頻度のカウントを作り、BoW形式とよぶペアによるリストを作る。その場合、単語の出現頻度がベースになっていることに留意したい。使用され、意味を持っていると考えられる単語の出現頻度がそのテキストの意味を定量的に表現することに近いという仮定の上で、「ベクトル化」がカギになる概念である。その出発点にディクショナリがある。ベクトル化は、順序をもったリスト表現が、その表現対象のベクトルとして機能することである。

(2) モデルを作る

　ここで言うモデルとは、ここまでみてきたようなコーパス、そしてベクタの概念に基づいて、「あるアルゴリズム」により、単純な単語のカウントに基づくドキュメントを、別の形にすること・したものである。LDAその他のアルゴリズムがGensimでは用意されていて、それによりモデルを作る。

　LDAでは、モデル作成時に、「トピックの個数」を指定する。この点は、LDAの特徴を理解する重要なポイントの一つである。

(3)〜(5) モデルの検討をしながら、解析を進める

　LDAは、対象文書全体が構成する**トピックが作る**「**山**」を浮かび上がらせる手法である。それは、機械学習という言葉を使えば、「教師無し学習」であり、データ分析的に見れば、「クラスタ」の検出である。「山」がいくつになるかは、前もって特定あるいは指定するのではない。つまり相互に孤立した一つの山が複数あって、データはそのどれか一つだけに属するという仮定をおいているのではない。LDAでは、何個にした場合にはどんな状況になるかをフォローし、個数を是正していく。

8.1.2　既存コーパスの利用

　方向が決まってきたら、次に意外に熟慮を要するのは、どんなデータを使ってテストするかということである。最初はおそらく本格的な適用のためというより、勉強のためだろう。それでも、いくつかの選択肢がでてくる。また、実際に使用するツールが要求している入力ファイル形式に変換する処理も慣れておくべきだろう。ここでは、実用的な状況に近いものとして、ニュースアーカイブを引っ張ってくることとしよう。

　ニュースは、厳密にいえば、その内容がかならずしも一つのカテゴリに分けられるとはかぎらない。けれども、ニュースとしてとりあげられたということはなんらかの特徴があり、ニュース配信者の意図もある。したがって、ニュースは配信される時点であるカテゴリに入るとされるはずだろう。それを良しとして前提とするなら、よく見られるような教師あり学習の実際例として扱われることになる。指定されたカテゴリ名が教師になる。ここでは、さまざまなニュース記事がそれ自身で形成するグループについて解析するような状況を考える。ニュースシステムが規定しているカテゴリ以外の分け方もあるかもしれない。とすれば、ニュースシステムのニュースを解析する場合でも、ニュースシステムが規定している各ニュースのカテゴリ情報からは独立して、新たに最初からカテゴリを探してみることが出発点になる。

　ここでは、英語のコーパスの例として、すでにnltkのところでreutersについて紹介しているので、それを使うことにする。単純なニュースアーカイブなら、ニューステキストが集められているだけになるが、コーパスとして使用できるように用意されているという場合には、訓練用とテスト用などに分けられ、整理がされていることが多い。テスト用には、意図的にテストデータとして使えそうなテキストとして、標準的とは言えないものが入れてあったりすることもある。だから、既存コーパスを利用してLDAでの解析手法を学習する場合には、テスト用データセットではなく、訓練用セットから十分な量を取り出して利用するのがいいだろう。この取り出しもPythonプログラムを作ってすることもできるが、Unix系コマンドを使って、作っておくのも良い方法である。Windowsでも、Power Shellなどを使えば、Unix系コマンドが使えるので、ほぼ同等の処理ができる。

　例えば、nltkのreutersのtrainingディレクトリには、2021年春時点では、7769ニュースが入っている。この他にテスト用には3019ニュースがある。あわせて40MBを超える。なお、これらは90カテゴリに分けられると書いてあり、各ニュースは、平均1.235カテゴリに入るとも書かれている。学習のためにこれらをすべて使う必要はないかもしれない。たとえば、trainingディレクトリから1000ニュース程度以下にして、テストを進める考え方もある。ただ、全体の傾向を見ることにとりかかるなら、最初から全体テキストを利用した方がいいと考えている、ただし、この程度の全体量であれば。

　個別ニュースの例を次に示しておく。

```
NORD RESOURCES CORP &lt;NRD> 4TH QTR NET
Shr 19 cts vs 13 cts
Net 2,656,000 vs 1,712,000
Revs 15.4 mln vs 9,443,000
Avg shrs 14.1 mln vs 12.6 mln
```

```
Year
Shr 98 cts vs 77 cts
Net 13.8 mln vs 8,928,000
Revs 58.8 mln vs 48.5 mln
Avg shrs 14.0 mln vs 11.6 mln
NOTE: Shr figures adjusted for 3-for-2 split paid Feb 6, 1987.
```

```
NO QUAKE DAMAGE AT CHUQUICAMATA - MINE SPOKESMAN
The earthquake which hit northern Chile today, registering 7.0 on the open-ended Richter scale, caused no damage
to the copper mine at Chuquicamata, a mine spokesman said.
Chuquicamata public relations director Guillermo Barcelo told Reuters by telephone from the mine that the quake
had caused no problems and operations continued as usual.
A spokesman for the state Chilean Copper Commission in Santiago confirmed there had been no damage at Chuquica-
mata.
```

このように、ReutersニュースとしてNLTKに保存されているニュースセット内のニュースは、形式もニュースカテゴリもバラバラである。口コミはじめ、一般ユーザが発信するメッセージはもっとバラバラだし、一つのメッセージがひとつだけの目的をもって発信されているとはいえない。もしかしたら、まったくのつぶやきだけかもしれない。

8.1.3 ディクショナリを作成する、単語の出現頻度をカウントする

そこで、テストをするのに、次のようなものを取り出してみた (test/14826, 14881 より)。

```
Reuters_corpus =
["Mounting trade friction between the U.S. And Japan has raised fears among many of Asia's exporting nations that
the row could inflict far-reaching economic damage, businessmen and officials said",
"They told Reuter correspondents in Asian capitals a U.S. Move against Japan might boost protectionist sentiment in
the U.S. And lead to curbs on American imports of their products. But some exporters said that while the conflict
would hurt them in the long-run, in the short-term Tokyo's loss might be their gain. ",
"If the tariffs remain in place for any length of time beyond a few months it will mean the complete erosion of exports
(of goods subject to tariffs) to the U.S. ",
"A top U.S. Official said Japan has little chance of convincing the U.S. To drop threatened trade sanctions, despite the
efforts of a Japanese team that left for Washington today. ",
"Michael Armacost, Under Secretary of State for Political Affairs, was asked at a press conference whether Japan's
moves to boost its domestic economy and open its markets could persuade the U.S. Not to impose tariffs on Japanese
imports said, and replied",
"Armacost said the U.S. Hopes Japan will take steps to lift its domestic economy and reduce dependence on exports,
remove barriers to imports and settle outstanding trade issues. "]
```

この対象テキストの集まりを解析することから説明を進めていくことにする。単語の持つ役割についてみていくこと、それには、どの単語は対象とするかを抽出しておく必要がある。これがかなりその後に成果が出るかどうかに関係する。解析に意味のない単語、区切り文字などを残しておくと、出現頻度が高いだろうから、結果をミスリードする可能性が高くなる。

もっとも基本的な手法は、品詞分類等を行って、特定品詞のみに絞ることや、除外単語リストを作ってそれらを使って絞ることである。使われている単語になんらかの正規化をして、マッチするかを見つけやすくすることもカギになる。文字列はUTF-8だから、本来的には、英語テキス

トも日本語テキストも同じ手続きになる。多くの目的では、数値を表す単語は除外するだろう、また英大文字小文字は同一として扱うのがいいだろう、助詞、感嘆詞、助動詞その他はのぞいたほうがいいだろう。動詞もその基本形に正規化するべきだろう。固有名詞をどうするか、などなどすべての設定に一般論はないだろう。

　対象テキストを眺めることもとても重要で、それに応じて柔軟にコーパスを作りなおしていくことも成功のカギになる。Pythonのさまざまな機能を利用できるようになっていれば、楽に、そして柔軟に対処できる。

　除外単語のリストを作る方法、それを使ってコーパスを絞る方法、それにはPythonで用意された構文をうまく利用する。次のようなやり方もある。

```
stopwords = set("a the and is in on of for".split())
preprocessed = [[token for token in document.lower().split() if token not in
stopwords] for document in Reuters_corpus]
```

最初の文により、stopwordsには、{"a", "the", "and", "is", "in", "on", "of", "for"}が入る。これは一見すると、例のための例のようだが、独自の単語リストを追加したり、さまざまな状況で便利に使えることもある。なお、stopwordsとしては、いろいろな既存コーパスに付属している単語リストを使う、そこから始める、のが実用的である。

　次の文では、stopwordsにある単語を除外した単語のリストのリストを作っている。実行例を次の図8.1に示す。preprocessed には整理されたコーパスを得ることができる。

```
# documentsにある2文から、stopwordsにある単語を取り除いたリストのリストを作る
documents = ["this is a pen", "the pen is a tool and is cheap"]
stopwords = set("a the and is in on of for".split(' '))        # 除外単語のsetを作る
print(stopwords)
preprocessed = [[token for token in document.split() if token not in stopwords]
                for document in documents]
print(preprocessed)
```
```
{'for', 'of', 'in', 'on', 'and', 'is', 'the', 'a'}
[['this', 'pen'], ['pen', 'tool', 'cheap']]
```

図8.1　手作業での不要語の除去例

　この例では、除外対象を作るのに、いったんセットを作っている。除外対象語の文字列から.split()を使って単語に分け、それぞれをセットの要素にしている。除外対象語の文字列が別途あらかじめ与えられる場合には、便利な方法となる。こうしたPythonの構文の活用方法は自分のノウハウの棚にそろえておく方がよい。

　また、上記の処理の中では、stopwordsにある語を除外するということと、documentsリストに含まれているニュースのそれぞれを単語のリストにするということの二つの作業が一行で行われている点に注意する必要がある。もしstopwordsにある単語を除去するということをしなくてよければ、

```
preprocessed = [[token for token in document.split()] for document in documents]
```

でよい。文字列の中で、空白で区切られた単語を順に取り出してリストにするのであれば、その際にstopwordsにあるものは無視するようにしているのである。このようにして作られた単語のリストのリストは、後述するcorpora.Dictionary()への入力になる。

　Gensim.utilsには、こうした前処理を助ける関数として、gensim.utils.simple_preprocess()がある。本格的な処理をする場合には便利であり、すでに第6章で説明したので、ここでは説明も省略する。

【ベクタ】

　この辺に来ると、重要な概念の説明をする時期が来たと考えられる。「ベクタ」と「モデル」である。まず、ベクタから説明する。「モデル」は、本章の大きなテーマとしてLDAモデルを説明するので、その全体で理解してほしい。

　ベクタは、多次元空間の中でのある位置を各次元の座標を指定することで記述するものである。ベクタは、リストで表現される。順序が重要というリストの性質は、そのまま、各次元での位置を、一定の順序で並べて表すということに活かされる。

　対象となるテキストを、数学的なベクタとして分解して表現すると、文や単語を数学的な処理の対象としてみることができ、またその性格を定量的に議論することができる。基本的な考え方は、あるコーパスに含まれる辞書要素のカウントを思い浮かべてみる。たとえば、五つの辞書要素があって、あるコーパスについては、それぞれ、2,0,1,1,2というカウントをもっていれば、[2,0,1,1,2] というベクタでそのドキュメントを表現できる、とする。

　本章では、あとで、単語をベクタ化するWord2vecを紹介する。また、文をベクタ化するdoc2vecも用意されている。

8.1.4　ディクショナリとBoWをどうやってつくるか

　多少実際的なデータの方がイメージを理解しやすいので、本節の上の方で述べた、六つのニュースからなるReuters_corpusに対して、ディクショナリをどうやって作るか、作ったときにどんな内容になるかをまず見てみよう。

　まず、gensim.corpora.Dictionary()を使ってディクショナリオブジェクトを作り、その内容を表示してみる。

```
from gensim import corpora
from pprint import pprint
dictionary = corpora.Dictionary(Reuters_corpus)
print(dictionary)
pprint.pprint(dictionary.token2id)
```

などとする。corpora.Dictionary()により、後述するBoW形式に変換する元となるディクショナリオブジェクトが作られ、dictionaryに代入される。

```
BoW_corpus = [dictionary.doc2bow(text) for text in Reuters_corpus]
pprint.pprint(BoW_corpus)
```

　BoW形式は、それ自身、もとのドキュメントを表す一つのモデルとも言える。BoW形式では、各文書を、辞書中のすべての単語（のID番号）とその頻度カウントのペアからなるベクタで表す。たとえば、短いニュースの集まりに対して、

```
[
    [(0, 1), (1, 1), (2, 1), (3, 1), (4, 1), (5, 1), (6, 1)],
    [(2, 1), (5, 1), (6, 1), (7, 1), (8, 1), (9, 1), (10, 1)],
    [(11, 1), (12, 1), (13, 1), (14, 1), (15, 1)],
]
```

というような形で表現する。ここには、3文があって、最初の文には辞書に含まれる単語のID0から6までが各一個ずつ含まれている、と読める。

　図8.2に、ここまでに説明した機能を実行するプログラム例を示す。プログラム中で、#注釈で示された機能の実行順を見てほしい。各文の説明は、そのあとで行う。

```
from gensim.models import LdaModel
from gensim.utils import simple_preprocess
from gensim.corpora.dictionary import Dictionary
from pprint import pprint

# en_core_web_smを使用する。
nlp = spacy.load('en_core_web_sm', disable=['parser', 'ner'])
stop_words = {'ourselves', 'hers', 'between', 'yourself', 'but', 'again', 'there', 'about', 'once',
              'during', 'out', 'very', 'having', 'with', 'they', 'own', 'an', 'be', 'some', 'for',
              'do', 'its', 'yours', 'such', 'into', 'of', 'most', 'itself', 'other', 'off', 'is',
              's', 'am', 'or', 'who', 'as', 'from', 'him', 'each', 'the', 'themselves', 'until',
              'below', 'are', 'we', 'these', 'your', 'his', 'through', 'don', 'nor', 'me', 'were',
              'her', 'more', 'himself', 'this', 'down', 'should', 'our', 'their', 'while', 'above',
              'both', 'up', 'to', 'ours', 'had', 'she', 'all', 'no', 'when', 'at', 'any', 'before',
              'them', 'same', 'and', 'been', 'have', 'in', 'will', 'on', 'does', 'yourselves', 'then', 'that', 'because',
Reuters_corpus = ["Mounting trade friction between the U.S. And Japan has raised fears among many of Asia's exporting nat
print(Reuters_corpus)

# Reutersのニュースサンプルに対して、simple-preprocess()し、かつ、除外語を除去し、preprocessedを作る
preprocessed = [[word for word in simple_preprocess(line.lower()) if word not in stop_words]
                for line in Reuters_corpus]
print(preprocessed)

# ディクショナリを作る
dictionary = Dictionary(preprocessed)
print(dictionary)

# BoWを作る
BoW_corpus = [dictionary.doc2bow(document, allow_update = True) for document in preprocessed]
print(BoW_corpus)

# IDを単語名に変換して表示
With_id_words = [[(dictionary[id], count) for id, count in line] for line in BoW_corpus]
print(With_id_words)
pprint(With_id_words, compact=True)
```

図8.2　Reutersニュースサンプルに対してBoWを作る

Gensimの機能をそのまま利用できるような場合には、とても単純な記述で処理を進めることができる。そしてそれを実行させると、図8.3がその下に実行結果として現れる。print()を追いかけることでステップを理解できる。図8.3も以下の説明を見ることで理解できるはずである。

```
["Mounting trade friction between the U.S. And Japan has raised fears among many of Asia's exporting nations that
[['mounting', 'trade', 'friction', 'japan', 'raised', 'fears', 'among', 'many', 'asia', 'exporting', 'nations',
Dictionary(104 unique tokens: ['among', 'asia', 'businessmen', 'could', 'damage']...)
[[(0, 1), (1, 1), (2, 1), (3, 1), (4, 1), (5, 1), (6, 1), (7, 1), (8, 1), (9, 1), (10, 1), (11, 1), (12, 1), (13,
[[('among', 1), ('asia', 1), ('businessmen', 1), ('could', 1), ('damage', 1), ('economic', 1), ('exporting', 1),
[[('among', 1), ('asia', 1), ('businessmen', 1), ('could', 1), ('damage', 1),
  ('economic', 1), ('exporting', 1), ('far', 1), ('fears', 1), ('friction', 1),
  ('inflict', 1), ('japan', 1), ('many', 1), ('mounting', 1), ('nations', 1),
  ('officials', 1), ('raised', 1), ('reaching', 1), ('row', 1), ('said', 1),
  ('trade', 1)]],
 [('japan', 1), ('said', 1), ('american', 1), ('asian', 1), ('boost', 1),
  ('capitals', 1), ('conflict', 1), ('correspondents', 1), ('curbs', 1),
  ('exporters', 1), ('gain', 1), ('hurt', 1), ('imports', 1), ('lead', 1),
  ('long', 1), ('loss', 1), ('might', 2), ('move', 1), ('products', 1),
  ('protectionist', 1), ('reuter', 1), ('run', 1), ('sentiment', 1),
  ('short', 1), ('term', 1), ('tokyo', 1), ('told', 1), ('would', 1)],
 [('beyond', 1), ('complete', 1), ('erosion', 1), ('exports', 1), ('goods', 1),
  ('length', 1), ('mean', 1), ('months', 1), ('place', 1), ('remain', 1),
  ('subject', 1), ('tariffs', 2), ('time', 1)],
 [('japan', 1), ('said', 1), ('trade', 1), ('chance', 1), ('convincing', 1),
  ('despite', 1), ('drop', 1), ('efforts', 1), ('japanese', 1), ('left', 1),
  ('little', 1), ('official', 1), ('sanctions', 1), ('team', 1),
  ('threatened', 1), ('today', 1), ('top', 1), ('washington', 1)],
 [('could', 1), ('japan', 1), ('said', 1), ('boost', 1), ('imports', 1),
  ('tariffs', 1), ('japanese', 1), ('affairs', 1), ('armacost', 1),
  ('asked', 1), ('conference', 1), ('domestic', 1), ('economy', 1),
  ('impose', 1), ('markets', 1), ('michael', 1), ('moves', 1), ('open', 1),
  ('persuade', 1), ('political', 1), ('press', 1), ('replied', 1),
  ('secretary', 1), ('state', 1), ('whether', 1)],
 [('japan', 1), ('said', 1), ('trade', 1), ('imports', 1), ('exports', 1),
  ('armacost', 1), ('domestic', 1), ('economy', 1), ('barriers', 1),
  ('dependence', 1), ('hopes', 1), ('issues', 1), ('lift', 1),
  ('outstanding', 1), ('reduce', 1), ('remove', 1), ('settle', 1), ('steps', 1),
  ('take', 1)]]]
```

図8.3　図8.2のプログラムの実行結果部分

図8.2に示すプログラムに沿って説明する。次のようなステップをたどっている。

(1) 必要なパッケージのimport

```
from genism.models import LdaModel
from gensim.utils import simple_preprocess
from genism.corpora.dictionary import Dictionary
from pprint import pprint
```

図8.2のプログラム例では上記の形で4行のimport文を置いてみている。その下の引用の仕方との関係によって、さまざまな表現がありうる。

(2) 基本的な準備

まず、処理の母体となるNLPオブジェクトをロードする。英文なので、en_core_web_sm をロードしている。この図8.2の例では、それに必要なspace.load()をimportしないで扱ってい

る。ここだけで閉じた説明として、しかもきちんとさせるなら、import spacy 文がその上にあるべきではあろう。

　次に stop_words をセットとして代入している。代入している単語の列は、ロイター処理のサンプルにあったものを持ってきている。

　そして、処理対象となる記事のならびをもってくる。一般形としては、

```
documents = [" document1 …", "document2 …", "document3 …", …]
```

などとなる。これに相当するものを準備する、あるいは作成する。図8.2では、ロイターニュースのハンドリングなので、変数名も Reuters_corpus としている。

(3) 単語リストの作成

　次に、単語リストの作成をする。基本となる処理は次のようなものである。

```
tokenized = [simple_preprocess(document) for document in documents]
```

　いろいろなオプションがあり、たとえば、アクセントマークの除去をしたい場合には、simple_preprocess(document, deacc = True) のようにする。ただ、日本語処理の場合にはそうすると問題がでる可能性もあるかもしれない。

　実際には、除外語の除去をしながら処理していることは8.1.3.に述べてある。実際の preprocessed への代入文の役割を8.1.3での説明もあわせて理解してほしい。

(4) ディクショナリの作成

　標準形は次のようになる。図8.2の例ではそのままである。

```
dictionary = corpora.Dictionary(tokenized)
```

　ディクショナリはそのディクショナリで生成する番号、すなわち単語ID、とそのIDがあらわす単語のペアのリストである。単語IDは、処理対象のテキストに共通するユニークな番号になっている。

　これはちょっと高度な話になるが、用意したテキストのうち、ある一定の個数以上のテキストに表れていない語、あるいは、頻出しすぎている語、おそらくモデリングの際には役にたたないと思われる語、などは除去することになる。しかし、これを、前もって決めた形で一度に確定させるのもやってみると難しいこともわかる。もともとのテキストの整形の様子もみながら試行錯誤的に行うことになるだろう。なお、出現頻度が少ないものをはずしたり、頻出する単語をはずしたりするには、次のようにできる。

```
dictionary = Dictionary(texts)
dictionary.filter_extremes(no_below=6, no_abov=0.1)
dictionary.compactify()
```

とすると、その語が出現しているテキスト数が6未満、または全体の10%を超える単語は捨てるようになる。

　手法のテストであれば、テキスト数は多くはないし、上記の処理をしなくとも先に進むことができる。ディクショナリそのものの表示などをしながら、どんな具合か見ておくことができる。また、単語IDを指定して、それがあらわす単語を、dictionary[20] などとして直接指定して表示させることもできる。

(5) BoWコーパスの作成

　BoW形式のコーパスを生成する。BoW形式では、テキストは、単語IDとその頻度のペアのリストとして表現される。これには、doc2bow() を使うとやってくれる。各行にあるテキストごとに実行させ、その結果のリストを作る。

```
BoW_corpus = [dictionary.doc2bow(document) for document in tokenized]
```

などとする。print(BoW_corpus)をすればどんなものか見ることができる。各テキストはもっとも頻度の高い単語の単語IDとその頻度のペアから順に、それらペアのリストで表現される。text_corpus自身は、それらのリストのリストである。全体を適当な形式で表示させたりする。先頭のテキストだけ見たければ、text_corpus[0] を表示させてみる。

```
BoW_corpus = [dictionary.doc2bow(document, allow_update = True) for document in
tokenized]
```

　とすることであとで更新できるようにしておくこともできる。
　作られるコーパスは、[(単語ID, 頻度), …] という形をして、全体の単語とその頻度を内容としている。作られた辞書について、token2idという属性が用意されている。dictionary.token2idとすると、辞書全体が見やすい形で返される。ある単語の単語IDをしりたければ、仮にその単語をstockとすれば、dictionary.token2id["stock"]とすると、stockの単語IDが返される。モデルが作られると、単語IDとその確率が生成される。単語IDでは見にくいので、単語IDから単語を返すには、dictionary.id2token[単語ID]とする。

(6) 単語IDを単語名にしたリストにする

　(5)でBoW形式の出力はできているが、表示その他で便利なように、数値のIDのままではなく、単語名に置き換えたリストを作っておくのが便利なこともある。

```
with_id_words = [[(dictionary[id], count) for id, count in line] for line in
BoW_corpus]
```

　さらに、pprint()を使うと見やすさを出せる。ここで初めてpprint()という機能を利用しているので説明する。pprint()は、pprintモジュールに含まれている機能である。通常のprint()を使ってリストや辞書などを表示しようとすると、改行されることなく1行で表示される。仕方のない場合もあるが、できれば、その要素は適当に改行されて見やすく表示してほしくなる。そういう場合にはpprint()すると便利である。pprintすると実行例のように表示できる。compact=Trueという指定をしている。なお、モデル内の単語IDからその単語名を知るには、lda.id2word[10]などのように、単語IDを指定して実行することで知ることができる。

8.1.5　モデルを作る：LDAモデルの作成

　これで、準備ができたので、LdaModel()を実行する。

　LdaModel()の実行に際しては、資料によってさまざまな推奨がされている。パラメータとして、実行時に、最低限、確実に設定しなければならないのは、次の三つである。

```
corpus=, num_topics=, id2word=
```

corpus=には、処理対象とするBoW形式のコーパスを指定する。id2word=には、処理のベースとなるディクショナリを指定する。ここまでの記述の例では、dictionaryである。num_topics=には、それらが形成するであろうトピックの数を指定する。試行錯誤と経験の中で、ありそうな数を設定しておく。すなわちトピック数は、試行錯誤して決めていくことになる。教師無し学習で、ある意味で自然なカテゴリに分けていく、しかもそれぞれの単語が単一のカテゴリだけに入るようにとは考えられないから、いくつがいいのかを事前に決めることはほぼ不可能といっていいだろう。ただ、コーパスが多数の異なる文章から一つのデータセットとしてまとめられている場合、極端に大きな個数のトピックがあると考える場合より、ある程度絞られたトピック数を想定することから出発するのが自然だろう。たとえば、対象があるニュースシステムの多数のニュースのコーパスだとしたら、トピック分けしたいのだから、トピック数を100とかそういった大きな数にするより、たとえば10個のトピックにしてみる、といったことの方が現実的だろう。そして、トピックのタイトルは本来、カテゴリ化された文の単語の頻度をベースに、人間があとから推定するのである。

　その他のパラメータは、繰り返し数を指定するpassesや、各学習を規定するものである。次に例を示しておく。

```
passes=30, chunksize=len(BoW_corpus), update_every=0, decay=0, alpha='auto'
```

これらをパラメータにセットして、実行することで、LDAモデルldaができる。

8.1.6 LDAモデル、ディクショナリ、コーパスのセーブとロード

できたモデルは、テストあるいは手法の学習であれば、さっそく作ったモデルを使っていくのでよいが、いったんセーブしてから使う方法もある。それには簡単に、lda.save(パス名) とする。複数ファイルが作られる。これをのちに利用するには、lda = LdaModel.load(パス名)とする。MyDriveにパスを指定することもできる。

特定してセーブしたりもできる。ディクショナリをそのままあとで使いたい場合、Gensim.corpora.dictionaryのsave() と load() を使う。たとえば次のように、セーブをするには、

```
Gensim.corpora.dictionary.save("/content/drive/MyDrive/MyDictionary")
```

そして、ロードをするには、

```
Gensim.corpora.dictionary.load("/content/drive/MyDrive/MyDictionary")
```

また、コーパスをセーブおよびロードするには、次のようにする。セーブをするには、

```
corpora.MmCorpus.serialize("/content/drive/MyDrive/MyBoW_corpus.mm", BoW_corpus)
```

ロードし、そして表示するには、

```
corpus_load =
  corpora.MmCorpus("/content/drive/MyDrive/MyBoW_corpus.mm")
for line in corpus_load:
  print(line)
```

8.1.7 モデルの参照と利用

作られているldaに、BoWを与えると、そのBoWのテキストの、ベクトル表現、すなわち、トピック番号とそのベクトル成分のペアのリストが得られる。このBoWのリストを、より高い値の順で並べ替えたほうが理解がしやすい。それには、次のようにする。

```
sorted(lda[bow], key=lambda x: x[1], reverse=True)
```

そこから十分な値、例えば.0.01、以上のものを取り出せば、おそらく十分であろう。
いま仮に、トピック番号4が一番高出現であれば、それに関連した単語を確認したいだろう。それをするには、

```
lda.show_topic(4)
```

とする。結果として、そのトピックで出やすい単語とその出やすさのペアのリストが表示される。

　表示に、単語IDではなく、単語の名前を使いたければ、

```
words = ' '.join([word for word, p in lda.show_topic(4)])
```

として、そのwordsを表示させる。

8.2　日本語テキストに対するLDAモデリング

　日本語の場合どうなるかを、以前の章でも使っていた「幸福の王子」テキストを用いてLDAモデルの作成をしてみよう。

　まず今までの、このテキストの利用、では無視してきたが、説明をしてきたように除外語の除去をしないとそれらしい結果にならないので、除外語の除去をここでしておこう。これも説明してきたように、あらかじめ確定した方針を立てるのも困難であるので、除去プログラムを変更しながら、LDAモデル作成時におそらく良いだろうという方法を決めていく必要がある。

　図8.4にLDAモデル作成に使用するテキストの前処理の段階の例を、図8.5に、その結果を入力に用いたLDAモデル作成例を示す。

```
import spacy
nlp = spacy.load("ja_ginza")
file_path = "/content/drive/MyDrive/HappyPrinceUTF8.txt"
# このUTF8.txtには、手作業で、トケイソウの訳注の中の(Passion-flower)をとりのぞいてある
target_path = "/content/drive/MyDrive/HappyPrinceCorpus.txt"
t = open(target_path, "w", encoding = "UTF-8")
with open(file_path) as f:
    s = f.readlines()
    for sentense in s:
        out_sentense = nlp(sentense)
        for token in out_sentense:
            if token.pos_ in {"VERB", "ADJ", "NOUN", "PROPN", "PRON"}:
                if token.lemma_ not in {"さん", "言う", "する", "こと"}:
                    t.write(token.lemma_)
                    t.write(" ")
t.close()
t = open(target_path, "r")
s = t.read()
print(s)
```

町 上 高い 柱 そびえる 上 幸福 王子 像 立つ 王子 像 全体 薄い 純金 覆う 目 つ 輝く サフ

図8.4　「幸福の王子」テキストから除外語をとりのぞく例

　ここまででは、HappyPrinceUTF8.txtをそのまま使ってきた。それを、図8.4のプログラムでは、VERB、ADJ、NOUN、PROPN、PRON　の品詞だけに絞っている。また、「さん、言う、

する、こと」は頻出だが解析の対象ではないので、除去している。つまり4語の除外語をセットしてある。それは、トピックスの構成の中で、上位にあまり有意とは思えない言葉が上がってきたからである。それをチェックしながら、単語を取り除いていってある。もっと除外してもいいのかもしれない。また、このプログラムに入力する前の段階で、HappyPrinceUTF8.txtからトケイソウの訳注部分をあらかじめ手作業で取り除いた。プログラム的に指定するより、そこ一か所だけなので、作業効率がよいと考えたからである。それは、図8.5のプログラムを最初に実行させたとき、passion と flowerという単語の比重がそれなりにあって、なんだろうとみていくとその箇所にあったからである。ただし、「幸福の王子」全体の意図を考えたときに、passion-flowerが含められている意図は小さくはない可能性は十分にある。パッションが果たす役割について考えさせられるものもある。だから、解析者のインスピレーションに役立つかどうかということを考えるならば、これらのステップをただ機械的にエンジニアに任せる、というわけにもいかないだろう。

そうしてつくられたのが、HappyPrinceCorpus.txtであり、図8.5の処理の入力になっている。処理対象単語数も、もともとのテキストに比べて減っている。

本書での考え方をまとめておこう。次になる。

(1) spaCyの機能をja_ginzaを使って利用するし、除外語を取り除く等の処理をそこでしておく。その結果をファイルに保存する。必要であれば、除外語を形態素解析だけでなく、独自のプログラミングにより決定し、それを用いて入力テキストを処理してモデリング処理の対象を決める。紙面の都合ですべてを含めていないが、その実行結果が重要である。ただし、その後の処理には、確率的な統計処理もされる部分も大きいから、かならずしも、きっちりとすべてを処理する必要はない。

(2) モデリング対象となるコーパスがファイルとしてできているので、それに対してLDAモデリングする。このプログラム例が図8.5にある。

図8.5の処理は、ここまでに述べてきた手順をなぞっている。すなわち、Dictionary()でディクショナリを作り、doc2bow()でBoW_corpusを作り、そしてlda_modelを作成している。LdaModel () へのパラメータとしては、

```
corpus=BoW_corpus, id2word=dictionary, num_topics=3
```

が留意するものである。トピックの山がそう多くないだろうという仮定のもとにnum_topics=3で実行してみている。

結果を順にみてみよう。pprint(print_topics()) により、三つのトピックスを表示させている。また、その前に、BoWを見て、頻度の多い単語ID6, 9と単語ID2の単語名を表示させている。

あなた、　ある、　あげる

に、それぞれ、なっている。本書を通してフォローし、また原文を読んだ読者にすれば、これら3

```
import gensim
from gensim.utils import simple_preprocess
from gensim.corpora.dictionary import Dictionary
from pprint import pprint
import spacy
file_path = "/content/drive/MyDrive/PythonText/HappyPrinceCorpus.txt"
f = open(file_path)
HPtext = f.readline()
print(HPtext)
f.close()
HPcorpus = [HPtext.split()]
print(HPcorpus)
dictionary = Dictionary(HPcorpus)
print(dictionary)
BoW_corpus = [dictionary.doc2bow(document, allow_update = True) for document in HPcorpus]
print(BoW_corpus)
with_words = [[(dictionary[id], count) for id, count in line] for line in BoW_corpus]
print(with_words)
lda_model = gensim.models.ldamodel.LdaModel( corpus=BoW_corpus, id2word=dictionary, num_topics=3,
                 random_state=100, update_every=1, chunksize=100, passes=10, per_word_topics=True)
print(lda_model)
lda_model.save("/content/drive/MyDrive/PythonText/HappyPrinceLdaModel")
print(lda_model.id2word[6], lda_model.id2word[9], lda_model.id2word[2])
#lda_model.show_topic(2)
#sorted(lda_model[BoW_corpus], key=lambda x:x[1], reverse=True) #BoWのリストをより高い値の順で並べ替える
pprint(lda_model.print_topics())
```

```
町 上 高い 柱 そびえる 上 幸福 王子 像 立つ 王子 像 全体 薄い 純金 覆う 目 つ 輝く サファイア 王子 剣 つた
[['町', '上', '高い', '柱', 'そびえる', '上', '幸福', '王子', '像', '立つ', '王子', '像', '全体', '薄い'
Dictionary(797 unique tokens: ['あおぐ', 'あく', 'あげる', 'あそこ', 'あたり']...)
[[(0, 1), (1, 1), (2, 8), (3, 1), (4, 1), (5, 1), (6, 19), (7, 1), (8, 2), (9, 16), (10, 1), (11, 5), (12
[[('あおぐ', 1), ('あく', 1), ('あげる', 8), ('あそこ', 1), ('あたり', 1), ('あてる', 1), ('あなた', 19),
LdaModel(num_terms=797, num_topics=3, decay=0.5, chunksize=100)
あなた ある あげる
[(0,
  '0.002*"ツバメ" + 0.002*"王子" + 0.002*"私" + 0.001*"幸福" + 0.001*"なる" + 0.001*"僕" '
  '+ 0.001*"ない" + 0.001*"何" + 0.001*"中" + 0.001*"見る"'),
 (1,
  '0.002*"ツバメ" + 0.002*"王子" + 0.001*"私" + 0.001*"中" + 0.001*"幸福" + 0.001*"ない" '
  '+ 0.001*"なる" + 0.001*"像" + 0.001*"ある" + 0.001*"それ"'),
 (2,
  '0.050*"ツバメ" + 0.023*"王子" + 0.015*"私" + 0.011*"幸福" + 0.010*"中" + 0.010*"なる" '
  '+ 0.010*"ない" + 0.009*"あなた" + 0.008*"像" + 0.008*"何"')]
```

図8.5　「幸福の王子」のLDAモデリング

語の意味について思いをめぐらすこともできよう。そして、実際に未知のテキストを解析する際に、そうした単語や傾向に出会ったときに、どう感じることができるか、その状況を想像する練習でもあろう。

　三つのトピックスについて、図8.5の表示では、トピック番号0について見てみよう。

　「ツバメ」、「王子」、「私」がそれぞれ0.02
　「幸福」、「なる」、「僕」、「ない」、「何」、「中」、「見る」がそれぞれ0.001

で寄与している。

　実際例をベースに、具体的な方法について追ってきた。次節では、全体を見直し、まとめてみる。また、モデルの評価ということにも触れていく。

8.3 ロイターデータセットの入門的トピックモデリング

　自然言語処理のいくつかの話題から LDA をとりあげている。LDA、Latent Dirichlet Allocation（潜在的ディリクレ配分法）、は、トピックモデリングをするアルゴリズムの一つである[1]。ある文書、イメージとしてはニュースなど、の中で、どんなキーワードがどれだけ使われているかを調べることができれば、それによって、そのニュースが何に関するニュースなのか推理することができる。トピックモデリングは、深層学習の隆盛以前から存在する考え方で、大別すれば、教師無し学習でクラスタリングするということがその基盤にある。文書は、文、そして単語からできていて、単語にはいろいろな意味が含まれている。文脈が形成されるときに、単語には一つだけの意味が与えられることもあるし、複数の意味を持って使われることもある。そうした状況の中で、どんな単語がどのくらい使われているか、どんな単語と一緒に使われているか、を調べることはさまざまなことの出発点になるし、その傾向を確認できれば、新しい文書に出会ったときに、それがどんなトピックを扱っている文書なのかを判定するのに使うこともできる。

　何かのまとまりがあるとされた文書群では、そのようにまとめられた文書それぞれがどんなトピックを持っているのか整理したいことがあるし、カテゴリ別などに整理できれば、便利なことも多い。さらに手持ちの文書の山の性質がわかれば、新しい文書に出会ったときに、どんなカテゴリに入る文書なのか、ある程度判別してほしいと感じることもある。自然言語の文書をたった一つのカテゴリに区分けられれば幸せである。けれども、自然言語の文書は、一つのトピックに関する文書のようでいて、実は複数のカテゴリにまたがるトピックについてしゃべっていることが多い。ある文書があるカテゴリに入ると簡単には規定できない、というのがおそらく自然だろう。例えばだれかの語録にしてもニュースグループにしても、その中身には建前でつけられたタイトルがホントの中身をあらわしていないこともある。故意でも失敗でも。難しいし、おもしろい。また、モデルを作って、訓練して、テストして、実際の判定に使う、という深層学習の単純な紹介例のような直線的なの利用の方がかえって単純だともいえる。

　LDA は、いくつかの実装がある。まず、Gensim での LDA、SKLearn での LDA 実装などは、想定する使い方の微妙な違いを反映して、異なる API・利用方法になっている。また、データサイエンスの専門家は、いくつかの拡張を行ったり、使いやすい出力の提供などをしようとしたパッケージを用意している。よく知られたものでは、Mallet の LDA などがある。

　ここでは、LDA の根本となるアルゴリズムの原理等については言及しない。そして Gensim の LDA 関連パッケージでそのまま使える機能について説明していく。

　まず、関連する基本的な概念・用語について、説明することから始める。LDA で扱う世界は、まず、大量の文書群が扱っているトピックを抽出し、観測できるようにする手法の世界である。「大量の文書群」とは、文字通り文書である場合もあるし、そのままでは無形のストリームデータである場合もある。SNS 上のテキストであったり、テレビで流されるニュースであったり、おしゃべりや電子メールの山であったり、あるいは図書館に格納されるような整理された刊行物であるかもしれない。いずれにしても、コンピュータ処理可能なテキストにすることができれば、

---

1. なお、ごく近い分野で、LDA と略される線形判別分析 Linear Discriminant Analysis があるが、これは別の話である。

ここでいう「大量の文書群」に入ることにする。

その中に記された情報はどんなものなのか、どう整理できるかのカギとして、「トピック」という言葉を使う。**トピック**は、その文書群の中の文書ひとつひとつで使われている単語の中で、情報の整理に役に立つと考えられるキーワードのことであり、ある文書の中でその単語の出現頻度が高ければ、その文書の性質を規定するのに寄与できる単語だとみなす。つまりトピックとは、文書中に現れる、出現頻度が高いキーワードのことだといえる。簡単な助詞、感嘆詞などはどんな文書にもあらわれ、文書の特徴付けに役立たないだろうと思われるものは除去すべきだろうし、出現頻度をできるだけ正しくカウントできるような前処理の工夫も必要になる。

LDAは、各文書は、複数のトピックに関わっているものとして扱う。そして、教師無し学習をし、あるアルゴリズムに基づいてクラスタを形成・検出する。トピックが形成するクラスタに対して、自動的に命名することはない。ある文書がどんなトピックの比重が大きいかということは示せる。どんなトピックが有意であるかは、決定的に決めつけることはない。ただ、文書群の中でいくつくらいのトピックがあるとみなすことがふさわしいのかは検出できる。そのために、後述するが、Coherence、あるいはPerplexityという指標を使ったりする。

だから、たとえば、大量のニュースに対して、スポーツカテゴリのニュースと、政治カテゴリのニュースと、家庭生活カテゴリのニュースにおよそ分けられるとする。あるニュースは複数カテゴリに入っているのかもしれない。そして、処理の目的によって、ここから先は異なるモデリングそしてプログラミングになる。

たとえば、個人の発言集を解析する、といった場面もあろう。特徴的な単語の使用頻度などもトピック形成の要因として浮かぶ要素があるかもしれない。また、本書ではまったく触れていない「係り受け構造」なども特徴がでるだろう。品詞による区別が大きな意味を持つ場合もあるだろうし、それほど役に立たない場合もあるかもしれない。

8.3.1　Reuters解析にあたってのLDAモデル作成

LDAモデルを作るには、いくつかの準備をして、対象コーパスデータそのものと、設定したいトピックの数を与えて、gensim.modelsの中のLdaModel()を呼び出す。

「いくつかの準備」に触れることからはじめる。

reutersデータセットにはstopwordsファイルが含まれている。これをReuters-stopwords.txtとして利用する。stopwordsファイルは、一行一単語になっている。readline()やreadlines()を使うと行末文字'\n'が付いてしまうので、それを取り除く必要がある。Pythonでそのように読み込むのは簡単で、output = file.read().splitlines()　とすると、そのままリストになる。

前に作っておいたReuterstaining-prep1.txtファイルを入力として利用する。その各行を、split()を使って必要な単語だけのリストにし、除外語をとりのぞき、それらのリストからなる全体のリストReutersnewsを作る。

また、こうして作られたファイルを見ていくことは重要である。たとえば、大文字を小文字にしておくことも重要だとわかる。INとinは等しくない。stopwordsによる除去、同一単語のカウントに問題が生じる。本来であれば、英語文章でも形態素解析をして除去するほうがいいだろう。次の機会にはそうしてほしい。

図8.6に、これらを考慮した、Reutersnews.txt作成のプログラム例を示す。コメントを重要な文にはつけてある。また、紙面上の制約があり、一部だけに表示を切ってある部分がある。

そのうえで、reutersnewsをDictionary()に与えて、dictionaryを作る。さらにそれをつかって、LdaModel()に与えることができるBoW形式変換し、reuterscorpusを作る。そのように進めていく。

```python
# ニュースファイルから、stopwords を除去し、対象単語からなるファイルにする
swordfile = open("/content/drive/MyDrive/PythonText/Reuters-stopwords.txt", mode='r')
out = open("/content/drive/MyDrive/PythonText/Reutersnews.txt", mode='w')
stopwords = swordfile.read().splitlines()
print(stopwords[:8])
s = open("/content/drive/MyDrive/PythonText/Reuterstraining-prep1.txt", mode='r')
while True:
    line = s.readline()    # 1行の文字列になっている各ニュースを1つ読み込む
    if line == "":         # 入力が終了していればwhileから出る
        break
    if line == "¥n":
        continue
    line = line.lower()    # 英大文字を小文字に統一
    line = line.split(" ")    # 文字列であるニュースをリストに変換
    line_out = [t for t in line if t not in stopwords]  # stopwordsにある単語を除去する
    line_out = [t for t in line_out if not t.isnumeric()] # numericである単語は除去する
    print(line_out)
    strline_out = " ".join(line_out)   # 対象単語のリストを空白文字で区切った文字列にする
    out.write(strline_out)
out.close()
print("done")
```

```
['a', "a's", 'able', 'about', 'above', 'according', 'accordingly', 'across']
['usa', 'time', 'jobless', 'claims', 'fall', 'week', '', 'applications', 'unemployment', '
['jaguar', 'sees', 'strong', 'growth', 'model', 'sales', '', 'jaguar', 'plc', '&lt;jagr.l>
['ccc', 'accepts', 'bonus', 'bid', 'wheat', 'flour', 'iraq', '', 'commodity', 'credit', 'c
['diamond', 'shamrock', 'raises', 'crude', 'posted', 'prices', 'dlr.', 'effective', 'march
['nord', 'resources', 'corp', '&lt;nrd>', '4th', 'qtr', 'net', '', 'shr', 'cts', 'cts', ''
```

図8.6　Reutersの解析の第一歩としてモデリング対象コーパスを作る

8.3.2　Reutersデータセットに対するLDAトピックモデリング

図8.7にReutersデータセットに対するLDAトピックモデリングの実行例を示す。

長くなるので、図8.7aおよび図8.7bにプログラム部分を、図8.7c,d,e,fにColab上の実行時の表示出力を分けて掲載する。

図8.7aはテキストコーパス作成の部分で、基本的に図8.6と同じ処理である。

図8.7bはプログラムの後半部分である。ディクショナリを作り、BoWを作り、LdaModelの作成をしている。num_topicsは30にしている。

PerplexityおよびCoherenceは、所定のアルゴリズムによって計算している。ここでは説明は省略する。

Perplexityは、{np.exp2(-lda.log_perplexity(BoW_corpus))}として、Coherenceは、{coh-

```
import gensim
from gensim.utils import simple_preprocess
from gensim.corpora.dictionary import Dictionary
from pprint import pprint
# stopwords を　NLTK、Reutersの中の二つを合成して作成
nltk_stop_words = {'ourselves', 'hers', 'between', 'yourself', 'but', 'again', 'there',
        'about', 'once', 'during', 'out', 'very', 'having', 'with', 'they', 'own', 'an', 'be
swordfile = open("/content/drive/MyDrive/PythonText/Reuters-stopwords.txt", mode='r')
Reuters_stopwords = set(swordfile.read().splitlines())
stopwords = Reuters_stopwords.union(nltk_stop_words)
print(stopwords)
swordfile.close()
# 使う前に、 U.S. をUSAにすべて置換した。　そうすると U.S. dlrsはUSA dlrsになっている
s = open("/content/drive/MyDrive/PythonText/Reuterstraining-prep1.txt", mode='r')
ReutersCorpus = []
# 各ニュースをsimple_preprocess()およびstopwords除去、数値の除去をしてリスト形式にし、
#  それを、ReutersCorpusに追加していく
while True:
    line = s.readline()    # 1行の文字列になっている各ニュースを1つ読み込む
    if line == "":         # 入力が終了していればwhileから出る
        break
    if line == "\n":
        continue
    line = simple_preprocess(line)     # 英大文字を小文字に統一，余分な字を削除等
    line_out = [t for t in line if t not in stopwords]  # stopwordsにある単語を除去する
    line_out = [t for t in line_out if not t.isnumeric()] # numericである単語は除去する
#    print(line_out)
    ReutersCorpus.append(line_out)
s.close()
```

図8.7a　Reuters LDA プログラム部分その1

erence_model.get_coherence()}で計算している。Perplexityは高い値の方が良いとされ、一方Coherenceは低い方が良いとされる。この両者を満たす部分を探していく。

　実際にどういう値になるか、num_topicsの値を変えて実行し、両方の値の動きを見る。90がもともとのデータセットで指定しているカテゴリの数である。これを手掛かりとして、トピックグループは、それより小さい個数だと仮定して、20から40程度の範囲で個数を動かしてみている。その範囲では、28が適していると考えられる。

　可視性という点では、それらの値をグラフとしてプロットして見やすくしてみるほうがわかりやすいだろう。それは読者の手にゆだねることにする。

　図8.7c,d,e,fに実行した際の表示をすべて示す。ただし、行末まですべて表示するのが無理な部分はカットしてある。

　図8.7cはその先頭部分で、ディクショナリには、6116個の単語が入っていて、それらのBoWが作られているのがわかる。

　トピック24からpprintは始まっている。先頭の6個について各トピックを構成する単語をならべてみる。

```
print(len(ReutersCorpus), ReutersCorpus[0])
print(ReutersCorpus[1], ReutersCorpus[2])
dictionary = Dictionary(ReutersCorpus)              # ディクショナリの作成
print(dictionary)
print(dictionary.token2id)
BoW_corpus = [dictionary.doc2bow(document, allow_update = True)
              for document in ReutersCorpus]
print(BoW_corpus)
with_words = [[(dictionary[id], count) for id, count in line] for line in BoW_corpus]
print(with_words)
lda_model = gensim.models.ldamodel.LdaModel( corpus=BoW_corpus, id2word=dictionary,
                                num_topics=30, random_state=100, update_every=1,
                                chunksize=100, passes=10, per_word_topics=True)
print(lda_model)
lda_model.save("/content/drive/MyDrive/PythonText/ReutersModel")
pprint(lda_model.print_topics())
pprint(lda_model.show_topic(24))    # 単独で、トピック番号を指定して表示
import numpy as np
print(lda_model.log_perplexity(BoW_corpus))
for i in range(20,40):
    lda = gensim.models.ldamodel.LdaModel(corpus=BoW_corpus, id2word=dictionary,
                                num_topics=i, random_state=100, update_every=1,
                                chunksize=100, passes=10, per_word_topics=True)
    coherence_model = gensim.models.CoherenceModel(model=lda, texts=ReutersCorpus,
                                dictionary=dictionary, coherence="c_v")
    print(f"トピック数：{i}, Perplexity: {np.exp2(-lda.log_perplexity(BoW_corpus))}, Coherenc
# Perplexity: {np.exp2(-lda.log_perplexity(BoW_corpus))},
#   Coherence: {coherence_model.get_coherence()}
# Perplexityは高いほうがいい、Coherenceは低いほうがいい、
# ということで、このトピック数の範囲では、28が最良と思われる
print("done")
```

図8.7b　Reuters LDA プログラム部分その2

```
[→  ["ain't", 'either', 'consider', 'in', 'up', 'usually', "we've", 'for', 'gone', 'you', 'ou
     562 ['usa', 'time', 'jobless', 'claims', 'fall', 'week', 'applications', 'unemployment',
     ['jaguar', 'sees', 'strong', 'growth', 'model', 'sales', 'jaguar', 'plc', 'lt', 'jagr',
     Dictionary(6116 unique tokens: ['adjusted', 'applications', 'benefits', 'claims', 'departm
     ['adjusted': 0, 'applications': 1, 'benefits': 2, 'claims': 3, 'department': 4, 'ended': 5
     [[(0, 1), (1, 1), (2, 2), (3, 1), (4, 1), (5, 2), (6, 1), (8, 1), (9, 1), (10, 1),
     [[('adjusted', 1), ('applications', 1), ('benefits', 2), ('claims', 1), ('department', 1),
     LdaModel(num_terms=6116, num_topics=30, decay=0.5, chunksize=100)
     [(24,
       '0.033*"ore" + 0.031*"uranium" + 0.031*"oxide" + 0.026*"savings" +
       '0.020*"fuel" + 0.019*"processing" + 0.017*"proposed" + 0.017*"allowing" +
       '0.016*"deposit" + 0.014*"requirements"'),
      (22,
       '0.015*"costs" + 0.013*"land" + 0.012*"world" + 0.011*"work" +
       '0.010*"season" + 0.010*"measures" + 0.009*"edelman" + 0.009*"section" +
       '0.008*"stronger" + 0.008*"filed"'),
      (18,
       '0.035*"japanese" + 0.029*"ec" + 0.027*"trade" + 0.025*"amount" +
       '0.021*"tapioca" + 0.018*"dealers" + 0.018*"pct" + 0.018*"paris" +
       '0.017*"sales" + 0.016*"increase"'),
      (11,
       '0.068*"cts" + 0.057*"march" + 0.056*"dividend" + 0.050*"record" +
       '0.046*"lt" + 0.043*"april" + 0.036*"pay" + 0.027*"merger" + 0.024*"div" +
       '0.024*"prior"'),
      (12,
       '0.106*"usa" + 0.054*"canadian" + 0.024*"deposits" + 0.023*"trade" +
       '0.020*"loans" + 0.018*"july" + 0.018*"commerce" + 0.017*"import" +
       '0.017*"growers" + 0.016*"yeutter"'),
      (13,
       '0.033*"november" + 0.029*"industries" + 0.024*"outlook" +
       '0.021*"distribution" + 0.021*"st" + 0.021*"ending" + 0.017*"reuters" +
       '0.016*"earthquake" + 0.015*"fiscal" + 0.015*"america"'),
```

図8.7c　Reuters LDA 実行時表示その1

```
トピック24：  ore, uranium, oxide, savings, fuel, processing, proposed, allowing, deposit, requirements
トピック22：  costs, land, world, work, season, measures, Edelman, section, stronger, filed
トピック18：  Japanese, ec, trade, amount, tapioca, dealers, pct, paris, sales, increase
トピック11：  cts, march, dividend, record, lt, April, pay, merger, div, prior
トピック12：  usa, Canadian, deposits, trade, loans, July, commerce, import, growers, yeutter
トピック13：  November, industries, outlook, distribution, st, ending, reuters, earthquake, fiscal, America
```

次いで図8.7dを示す。そして、図8.7e,fで実行時の表示は終わる。

```
(16,
 '0.035*"south" + 0.035*"marks" + 0.030*"ferry" + 0.029*"people" + '
 '0.021*"dead" + 0.017*"belgian" + 0.016*"german" + 0.016*"west" + '
 '0.015*"herald" + 0.011*"townsend"').
(14,
 '0.065*"dome" + 0.033*"mines" + 0.032*"disaster" + 0.030*"sell" + '
 '0.029*"encor" + 0.026*"spokesman" + 0.023*"subsidiary" + 0.019*"safety" + '
 '0.019*"price" + 0.017*"banking"').
(20,
 '0.052*"company" + 0.046*"sale" + 0.029*"lt" + 0.025*"bank" + 0.025*"mln" + '
 '0.024*"operations" + 0.021*"sell" + 0.020*"plan" + 0.020*"agreed" + '
 '0.017*"bhd"').
(17,
 '0.047*"imports" + 0.032*"federal" + 0.023*"control" + 0.020*"american" + '
 '0.019*"congress" + 0.018*"commission" + 0.018*"trading" + 0.016*"including" '
 '+ 0.015*"special" + 0.014*"national"').
(2,
 '0.190*"dlrs" + 0.171*"mln" + 0.078*"billion" + 0.040*"year" + '
 '0.020*"december" + 0.016*"share" + 0.015*"net" + 0.015*"loan" + 0.013*"tax" '
 '+ 0.013*"income"').
```

図8.7d　Reuters LDA 実行時表示その2

```
(21,
 '0.109*"pct" + 0.038*"rose" + 0.037*"year" + 0.029*"fell" + 0.027*"banks" + '
 '0.024*"assets" + 0.023*"industrial" + 0.021*"sales" + 0.020*"shareholders" '
 '+ 0.017*"proposed"').
(5,
 '0.024*"brazil" + 0.022*"debt" + 0.019*"exports" + 0.018*"african" + '
 '0.017*"prices" + 0.016*"union" + 0.016*"foreign" + 0.016*"year" + '
 '0.016*"president" + 0.015*"cut"').
(15,
 '0.035*"treasury" + 0.021*"baker" + 0.019*"states" + 0.019*"trade" + '
 '0.018*"usa" + 0.017*"output" + 0.017*"official" + 0.015*"price" + '
 '0.015*"united" + 0.014*"meeting"').
(6,
 '0.043*"prices" + 0.029*"state" + 0.027*"futures" + 0.027*"oil" + '
 '0.026*"customers" + 0.024*"raised" + 0.021*"dlrs" + 0.021*"price" + '
 '0.020*"insurance" + 0.018*"week"').
(29,
 '0.066*"shares" + 0.035*"stock" + 0.035*"company" + 0.034*"pct" + '
 '0.028*"offer" + 0.026*"stake" + 0.024*"lt" + 0.022*"group" + 0.021*"buy" + '
 '0.020*"outstanding"'),
(25,
 '0.026*"hughes" + 0.022*"strike" + 0.022*"seamen" + 0.019*"today" + '
 '0.017*"months" + 0.016*"night" + 0.016*"raise" + 0.016*"head" + '
 '0.011*"television" + 0.011*"petrol"').
(10,
 '0.044*"tax" + 0.044*"quarter" + 0.037*"year" + 0.022*"dlr" + '
 '0.020*"reported" + 0.020*"fed" + 0.019*"cuts" + 0.019*"federal" + '
 '0.015*"company" + 0.015*"sees"').
(1,
 '0.051*"bank" + 0.048*"billion" + 0.038*"pct" + 0.032*"government" + '
 '0.017*"bond" + 0.017*"market" + 0.017*"growth" + 0.017*"money" + '
 '0.016*"rates" + 0.015*"rate"').
(28,
 '0.055*"bill" + 0.029*"back" + 0.029*"loan" + 0.025*"system" + '
 '0.024*"british" + 0.022*"farmers" + 0.021*"association" + 0.020*"friday" + '
 '0.019*"problem" + 0.017*"buys"')]
```

図8.7e　Reuters LDA 実行時表示その3

```
[('ore', 0.033275347),
 ('uranium', 0.03127177),
 ('oxide', 0.03127177),
 ('savings', 0.025949564),
 ('fuel', 0.019729555),
 ('processing', 0.0189227),
 ('proposed', 0.017168991),
 ('allowing', 0.01698717),
 ('deposit', 0.016086867),
 ('requirements', 0.0141721275)]
-7.5759964245149405
トピック数： 20, Perplexity: 184.58336026686615, Coherence: 0.40944720476048674
トピック数： 21, Perplexity: 188.05934665238533, Coherence: 0.427866801788433
トピック数： 22, Perplexity: 188.27180156846518, Coherence: 0.40739666470544483
トピック数： 23, Perplexity: 185.36230673345702, Coherence: 0.423038370782960675
トピック数： 24, Perplexity: 188.70003378150605, Coherence: 0.4252100843881461
トピック数： 25, Perplexity: 188.56844216627513, Coherence: 0.4128984391564989
トピック数： 26, Perplexity: 189.10170941934348, Coherence: 0.41131445105126196
トピック数： 27, Perplexity: 188.31071043227317, Coherence: 0.42829494064583556
トピック数： 28, Perplexity: 190.729553666481, Coherence: 0.39559235423528444
トピック数： 29, Perplexity: 190.1012321574536, Coherence: 0.4146779367425339
トピック数： 30, Perplexity: 190.7973101746961, Coherence: 0.40789377174500124
トピック数： 31, Perplexity: 192.08498822397823, Coherence: 0.44442105058920184
トピック数： 32, Perplexity: 194.1404621089527, Coherence: 0.4440412845820231
トピック数： 33, Perplexity: 193.6961188532527, Coherence: 0.4359320330561479
トピック数： 34, Perplexity: 186.43440249245555, Coherence: 0.4177418082574031
トピック数： 35, Perplexity: 188.3891163811676, Coherence: 0.4243978306582526
トピック数： 36, Perplexity: 192.05036902919494, Coherence: 0.4087164514884878
トピック数： 37, Perplexity: 194.0944980297409, Coherence: 0.414491086440754
トピック数： 38, Perplexity: 196.88621016044323, Coherence: 0.42043835807070856
トピック数： 39, Perplexity: 197.34382674321697, Coherence: 0.4109807551216356
done
```

図8.7f　Reuters LDA 実行時表示その4

　これらの各トピックの表示が続いたあとで、トピック24を別の仕方で表示させ、前述したように、num_topics　を変化させて、そのそれぞれの結果での、PerplexityとCoherence を見ている。

　プロットしてみるとわかるが、この値の並びの場合に、Coherenceをまずみていくと、トピック数28のところで下がり、また上昇している。そしてこの範囲では、トピック数が28の場合が一番低い。Perplexityの変化を見てみると、トピック数28のところでは、スッと値があがり、また下がり、そしてトピック数33まで一つの山を作っている。そこでおそらく、トピック数が28が、検討すべきトピック数だと判断している。

　トピック数を28とした場合の、構成表示をこの後でするべきである。それは読者にゆだねることとする。

8.4　Word2vecでトピック分析

　Word2vec処理の実際を試してみよう。Word2vecの基本概念の特徴は、**単語の「分散表現」**あるいはベクトル表現にある。ベクトル化することで、コサイン類似度という概念を適用して、単語の類似度を測定したり、さまざまな応用に組み込まれる。その使い方のステップは大きくわけて、

　・コーパスデータ（自然言語処理のための大量の文例の集積）からモデルを作成する
　・作成したモデルを用いて、対象となる分析に活用する

の二段階になる。一般に基となる単語の表現にはベクトル表現を利用する仕組みが試みられた中で、Word2vecでの方式が有力視され利用されている。

　単語の分散表現を得ることがWord2vecの主なポイントである。ベクトル表現が作成されると、そのあと、そうした単語を含む文あるいは文書の特徴について解析をすすめる。Word2vecの手法は、推論ベースの手法であり、使用の度合いにしたがって、その表現の確度を高めていく。使用するサンプルでの統計量そのものに基づいてはいない。三層ニューラルネットが用いられ、その意味で深層学習に通じる基盤によっている。

　Word2vecでは、二つのモデルのどちらかに基づいて、対象文書中の単語のモデルを確立させる。

　　・CBOW(Continuous Bag-of-words) モデル
　　・skip-gram モデル

　説明と詳細は別の機会に譲るが、skip-gramをここでは用いている。

8.4.1　Word2vecのモデル作成

　ここでは、青空文庫の文書を解析してみることを想定して進める。しかし、実際の応用では、SNSなどで流れたテキストや、Wikipedia等の公開されたテキストそのものを使って、そこでの使われ方に基づいて何かの解析、あるいは新しく生じた文の解析などをする例が多い。

　https://dumps.wikimedia.org/jawiki/latest/には、日本語のWikipediaのテキストが、多少整理されて格納されている。また、WikiExtractorというソフトウェアがGithubで公開されていて、それを用いるケースもある。また、Twitter等のSNSのテキストを引っ張り出してくるような事例も見られる。これらは、すぐにギガバイトサイズのテキストデータを入手できるので、見栄えはよい。ただ、何を解析したいからそれらを入手しているのか、プログラミングの練習から一歩先に出るには、目的意識が大きな区切りになる。

　さて、ここでは青空文庫のテキスト、それもそれほど大きくないものを利用しているので、処理を進める上で、大規模とは言えない例を扱っている。

　これを、Word2vec等で利用できる「モデル」にする。まず、Word2vecは、Gensimライブラリに入れられている。Colabでは、Gensimはimportするだけで使えるが、Python単独で使用する場合には、最新版のGensimが入っていることを確認あるいは更新してから先に進めた方がいいだろう。

　分かち書きして作成した.txtファイルをword2vec.Text8Corpus(パス名)に与えて、コーパス化する。また、動作を学ぶ上で、loggingを使って、モデル作成の進捗状況の表示をさせておくことがよく薦められている。それをするには、loggingをimportし、basicConfigで表示形式を指定しておく。次のようなコードを入れておく。

```
import logging
...
logging.basicConfig(format='%(asctime)s : %(levelname)s : %(message)s',
```

```
level=logging.INFO)
```

　そのうえで、Word2Vec()を呼び出してモデルを作り、次にそれを保存しておく。たとえば、次の例のような記述になる。

```
model = word2vec.Word2Vec(sentences, size=200, min_count=20, window=15)
model.wv.save_word2vec_format("./wiki.vec.pt", binary=True)
```

　Word2vecを呼び出すために必要なパラメータはいくつかあるが、そのうち必須の四つは次である。

sg：skip-gramモデル指定なら1、CBOWモデル指定なら0（なければ1）
size：分散表現のベクタ次元数（有効なベクタだけに後で縮約することもある、多くは100とか200などの値にする）
windows：コンテクストとして認識する前後の単語数（あまり小さいと精度があがらないが、多くは10などの値にする）
min_count：指定の数以下の出現回数の単語は無視する（まず、1で実行してみるケースも多い、もともと小規模な解析例の場合には、3とかにする、大規模な処理では10あるいは20ということもある）

　他にもいろいろなパラメータがある。hs（階層的ソフトMaxなら1）、negative（ネガティブサンプリングする単語数、hsしない場合に有効）、あるいはiter(繰り返し回数)などの指定ができる。また、バージョンによって付加的なパラメータは変わるかもしれない。
　保存は、save_word2vec_formatをここでは用いている。まとめると基本部分は次になる。

```
from gensim.models import Word2Vec
f = open("パス名")
target_sentences = f.read()
f.close()
model = Word2Vec(target_sentences,
  sg=1, size=100, window=10, min_count=1)
```

8.4.2　Word2vecの活用、類義語の発見

　注目した単語に対して、類似度的に似ている、いいかえれば、近い言葉を探すというのが、文書の中の単語の使われ方を見る上で、おそらく最初にすることだろう。それをするには、そのmodelに対して、most_similar(注目単語)　を動かす。
　実際には、KeyedVectorsというライブラリをgensim.modelsの中からimportし、保存したモデルに対して、ベクタ処理をし、それに対してmost_similar()を実行させる。

```
from gensim.models import KeyedVectors

wv = KeyedVectors.load_word2vec_format('./wiki.vec.pt', binary=True)
results = wv.most_similar(positive=['講義'])
for result in results:
    print(result)
```

コサイン類似度が高い順に並ぶ。

図8.8にプログラム例を示す。

```
from gensim.models import word2vec
from gensim.models import KeyedVectors
import logging

logging.basicConfig(format='%(asctime)s : %(levelname)s : %(message)s',
                    level=logging.INFO)
target_sentences = word2vec.Text8Corpus("/content/drive/MyDrive/target.txt")
#
model = word2vec.Word2Vec(target_sentences, sg=1, size=200,
                          window=15, min_count=3,
                          iter=20)
model.wv.save_word2vec_format("HappyPrincesModel.pt", binary=True)
#
word = input("注目する単語：")
wv = KeyedVectors.load_word2vec_format("HappyPrincesModel.pt", binary=True)
results = wv.most_similar(positive=word, topn=20)
for result in results:
    print(result)
```

図8.8　Word2Vec プログラム例

loggingをさせているので、実行を始めると、経過が順に表示される。iter=20としているので、logging表示においては、EPOCH- 20まで表示がされている。図8.9に実行時の表示を示すが、ロギングの先頭部分は省略してある。この例では、「涙」に似た言葉を表示させている。

8.4.3　most_similar()の活用

most_similar()へのパラメータとしては、positiveとnegativeを指定できる。両者を指定することで、さらに分析を深めることができる。図8.10に示す例では、正として「涙」、負として「水」を指定してみた。「涙」には似ているが、「水」には似ていない・遠い、そういう表現を探してみた。気持ちとしては、涙から物理的な水の性質を取り除いたら「幸福の王子」の文脈では、どんな言葉が「涙」には近いかを知りたい。 ＋「涙」－「水」というわけである。「幸福」、「死ぬ」、「どう」が上位三つということを示した。「どう」が入っているのは、除外語として取り除いたからだろう。

```
2021-07-21 03:43:45,260 : INFO : worker thread finished: awaiting finish of 2 more threads
2021-07-21 03:43:45,268 : INFO : worker thread finished: awaiting finish of 1 more threads
2021-07-21 03:43:45,304 : INFO : worker thread finished: awaiting finish of 0 more threads
2021-07-21 03:43:45,305 : INFO : EPOCH - 19 : training on 5009 raw words (1858 effective wo
2021-07-21 03:43:45,322 : INFO : worker thread finished: awaiting finish of 2 more threads
2021-07-21 03:43:45,325 : INFO : worker thread finished: awaiting finish of 1 more threads
2021-07-21 03:43:45,367 : INFO : worker thread finished: awaiting finish of 0 more threads
2021-07-21 03:43:45,369 : INFO : EPOCH - 20 : training on 5009 raw words (1820 effective wo
2021-07-21 03:43:45,371 : INFO : training on a 100180 raw words (36484 effective words) too
2021-07-21 03:43:45,372 : WARNING : under 10 jobs per worker: consider setting a smaller `b
2021-07-21 03:43:45,374 : INFO : storing 224x200 projection weights into HappyPrincesModel.
注目する単語：涙
2021-07-21 03:43:53,889 : INFO : loading projection weights from HappyPrincesModel.pt
2021-07-21 03:43:53,896 : INFO : loaded (224, 200) matrix from HappyPrincesModel.pt
2021-07-21 03:43:53,904 : INFO : precomputing L2-norms of word weight vectors
('落ちる', 0.9840717911720276)
('きれい', 0.9798271656036377)
('高い', 0.978758692741394)
('前', 0.9770244359970093)
('寒い', 0.975888181495665)
('降る', 0.975159764289856)
('星', 0.973114550113678)
('雨', 0.9725282192230225)
('芝居', 0.9715416431427002)
('完成', 0.9692549109458923)
('素晴らしい', 0.9685585498809814)
('人々', 0.9683911800384521)
('水', 0.9673512578010559)
('教授', 0.9671356678009033)
('なる', 0.966037929058075)
('やがて', 0.9659807682037354)
('大声', 0.9657260179519653)
('一人', 0.9647555351257324)
('柱', 0.9629384279251099)
('次の日', 0.9623528122901917)
```

図8.9　図8.8のプログラムの実行時表示

「水」を移項して考えると、幸福の王子では、

　「涙」　＝　「水」　＋　「幸福」

あるいは、

　「涙」　＝　「水」　＋　「死ぬ」

を表現していることになる。

　別の資料について、同じプログラムで処理をしてみた。図8.11に一例を示す。この処理をしたときに、「どう」などを落としていなかったので、三番目に「どう」がでてきている。図8.10と比べてほしい。

　同じように、「水」を移項して考えると、

　「涙」　＝　「水」＋　「かわいそう」

あるいは、

　「涙」　＝　「水」　＋　「生きる」

を表現していることになる。

```
model = word2vec.Word2Vec(target_sentences, sg=1, size=200,
                            window=15, min_count=3,
                            iter=50)
model.wv.save_word2vec_format("HappyPrincesModel.pt", binary=True)
#
wv = KeyedVectors.load_word2vec_format("HappyPrincesModel.pt", binary=True)
results = wv.most_similar(positive=['涙'], negative=['水'], topn=20)
for result in results:
    print(result)
```

```
('幸福', 0.49049073457717896)
('死ぬ', 0.48478591442108154)
('どう', 0.4815008044242859)
('かわいそう', 0.4642203450202942)
('ここ', 0.45284438133239746)
('気持ち', 0.44758176803588867)
('高い', 0.3943251371383667)
('庭園', 0.39011871814727783)
('鳥', 0.38681870698928833)
('いっぱい', 0.3807936906814575)
('生きる', 0.37867459654808044)
('美しい', 0.37334901094436646)
('こと', 0.3703383803367615)
('足元', 0.36718103289604187)
('人々', 0.3668344020843506)
('寒い', 0.353198766708374)
('うれしい', 0.34806764125823975)
('顔', 0.316645205020909454)
('キス', 0.3157774806022644)
('実際', 0.30056989192962646)
```

図8.10　「涙」ー「水」

　2021年冬から春、本書のテスト版を使ったPython研修コースを開いた。参加者である、大学生（当時某大学4年生強矢君）が何に取り組み、どんなことに至ったかを図8.12に紹介する。

　彼は、何通りかのテキストに対して試み、「いかに読書すべきか」という書物をテキストとして、「読書」に注目して、解析した。そして、図8.12を得た。

　そして「読書」について考察している。図8.10に類似した試行錯誤に至り、しなければならない読書を除くと何があるのか、という考えから、「必要」という単語をnegativeとして扱って、「者」、「習慣」、「閑暇」などに至っている。

　ここで紹介した例では、入力コーパスに対して品詞によって絞る前処理をしていないが、一定の結果を見せているといえよう。今の時代では、コロナワクチンに関するニュース記事を集め、他の単語との関係をみることなども練習としても意味がでてこよう。

　それぞれの場で、こうしたインスピレーションを模索してみるのもよいだろう。また、Word2Vecは単語の分散表現のためのものであるが、この先に、任意長の文書・文章を分散表現するDoc2Vecがある。文章間の意味的な距離を定量化できる。呼び出し方などはWord2Vecからそれほど遠くないので、調べてやってみたらよい。

```
('かわいそう', 0.4842556118965149)
('生きる', 0.3822777569293976)
('どう', 0.37178835272789)
('心', 0.3476460576057434)
('気持ち', 0.3446354269981384)
('いっぱい', 0.3365177512168884)
('美しい', 0.30176666378974915)
('聞く', 0.2761683762073517)
('答える', 0.27492761611938477)
('黄金', 0.2650007903575897)
('ここ', 0.262050062417984)
('ちゃ', 0.25834307074546814)
('愛する', 0.25646311044692993)
('幸福', 0.25488772988319397)
('私', 0.25412487983703613)
('庭園', 0.2537047863006592)
('ら', 0.2488790899515152)
('高い', 0.23428966104984283)
('キス', 0.2275715470314026)
('とき', 0.22688567638397217)
```

図8.11 別の「涙」―「水」

```
注目する単語 : 読書
2021-05-06 09:40:21,943 : INFO : loading projection weights from ReadingModel.pt
2021-05-06 09:40:21,955 : INFO : loaded (264, 200) matrix from ReadingModel.pt
2021-05-06 09:40:21,956 : INFO : precomputing L2-norms of word weight vectors
('落着く', 0.8706961870193481)
('前', 0.8526835441589355)
('さえ', 0.8501265645027161)
('人生', 0.8380647897720337)
('面白い', 0.8375502824783325)
('意義', 0.8374958038330078)
('出す', 0.8269788026809692)
('発明', 0.8250678777694702)
('閑暇', 0.8213862180709839)
('学生', 0.8182376623153687)
('おく', 0.8172963857650757)
('リ', 0.8138317465782166)
('大きい', 0.8071248531341553)
('時代', 0.8047221302986145)
```

図8.12 受講生による実行例

8.5 この先の課題から

8.5.1 phLDAvisなどによる可視化

　LDAモデルで、対象に対して、「トピックと関連したキーワード」を生成したら、それらを図示することは、それ以降の活用・調査研究等に役立つ。トピック数やそのカバーの具合などは図示すると判断しやすい。それに使えるpyLDAvisパッケージなどがある。これを利用して、ビジュアライズオブジェクトを得ることができる。https://www.tutorialspoint.com/gensim/gensim_quick_guide.htmに、使用例が報告され、図8.13がある。この先の実際例については、読者にゆだねる。

　この図の例では、左側では、大きいほどよく表現しているトピックを示している。大きくて、他の円とは独立しているものほどよく、成功したトピックの切り方の場合、独立した円が平面上にばらけていて、オーバーラップがなく、かつ大きいはずである。

　また、この先には、よりよいモデルを生成できるような手法の開発と利用という話題がある。MalletLDAモデルがその一例である。これについては、https://www.machinelearningplus.

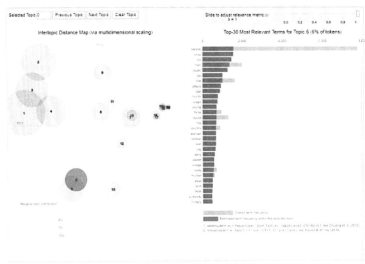

図8.13　pyLDAvis使用例報告（本文中引用サイトより）

com/nlp/topic-modeling-gensim-Python/などが参考になる。

8.5.2　他の日本語テキスト処理実施例を参考にする

　日本語テキストに関する処理の実施例も複数ネットで紹介されている。これらを見ることで、それぞれの抱えているテーマについてどういう処理をするかのヒントが得られよう。たとえば、次のようなものがある。https://qiita.com/hasuminbanana/items/4babc9498f3e384a6639（国会の話題の変化）、あるいは、https://lunarwoffie.com/ja/lda-topic-model/や、https://analytics-note.xyz/machine-learning/gensim-lda/などが執筆時点で存在する。また、sklearnにあるLDAパッケージを使った記述も見られる。例として、次を書いておく。https://qiita.com/asakbiz/items/3dfcece09592585581fd

　さまざまな実施例を見ながら、さらなる技術の習得を進めることができる。

さいごに

プログラミングと付き合うこと

　プログラミングをマスターするには、その処理系や仕組みについて考えることは大いに役立つ。また、参考になるプログラム例を実際に自分で動かしてみることが大変重要である。著者が、最初にプログラミングを経験したのは、もう50年以上前のことになった。高校生だったが、IBM1401というコンピュータのアセンブラでのプログラミングが最初の経験である。操作や処理を考えると、ほとんど機械語でのプログラミングと言ってよかった。そして、Fortranを使いだした。そして大学生の時代には、単発の基本ソフトの開発プロジェクトを数本請け負った。そしていくつかの商用言語処理系の実作に加わった。大学院学生としては、Lisp処理系の製作と言語仕様を満たす処理系技術を、企業情報処理システムの課題と並行して、研究課題としていた。そしてだいたいの場合には、処理系が動作するコンピュータでの機械語レベルでの動作に確信を持てると、一区切りとして満足した。

　次第に、プログラミング言語およびその構文則の設計に盛り込まれた設計者の考え方や、それを使って書かれたプログラムを効率の良いコードに落とす処理系の作り方に興味を持つようになった。Lisp処理系は、大きなショックだった。まず、処理系の仕組みをコンパクトにLisp自身で定義できるという事実。そしてそれまでには腑に落ちなかった、call命令のスタックを使った仕組みがうまく活用できること、ポインタとハッシングが強力な武器であること、などがピンとくるようになった。インタプリタの意義もわかった。開発環境と文書作成のつながりなども。

　Common Lispとの付き合いを経て、Java言語仕様にかかわったあと、最近20年ほどは、プログラミングは趣味の世界に入った。好きな言語で、好きなようにプログラムを作れるようになった。

　コロナ禍になって、Pythonと付き合うことに決めた。Pythonを通して、私の経歴の、特に初期の活動の凝縮を残したいと思うようになった。これが本書の出版への動機である。Pythonには、Lispの血が明らかに流れていると私には感じたからである。用意されている道具が、Lispの時代からの自然な拡張として理解でき、どうなっているだろうということも、こうなっているはずだ、という嗅覚から出発して整理することができた。

　またこれによって、この数年にKerasベースで扱ってきた深層ニューラルネットベースの、深層学習関連ツールの仕組みの話と、ようやく橋がかかることができた。この文脈では、この先にBERTがある。また、自然言語翻訳の世界との融合がある。そして、MIT AI研でぺちゃぺちゃと話しながら夢を語っていた時代へのBack to the 80sがある。

　そして、肝心なことを付しておきたい。読者が使用するとき、本書のPythonの環境やパッケージに関する記述は、その時点で最新とは限らない。筋道は、本書の流れに沿っていくことでよいと思っている。また、こまごまとした処理は、場合によっては、簡単な機能が用意されるかもしれない。それが技術の進歩であり、多くの人に利用されるということである。

　また、Google翻訳のAPIが一時期は我々も触れることができた。自分のPythonプログラム内で、翻訳を利用する機能も書いてみたことがある。これもこれからどうなるか今の時点ではなんともわからない。

4.5節の冒頭で触れたIMDb、あるいはその手のデータの処理も気になるところである。処理といっても、特定の結果を出してそれでおしまいというわけではないから、次の楽しみへの門が開かれる、というのが正直な実感である。利用・展開例として、感性分析への導入がいくつか見られる。2014年のLe,Mikolovによる"Distributed Representations of Sentences and Documents"などが、感性分析の話題の糸口となった。https://arxiv.org/pdf/1405.4053.pdfにある。多くの人が、その文献の3.2節を追試している。Gensimプロジェクト自身が載せているhttps://radimrehurek.com/gensim/auto_examples/howtos/run_doc2vec_imdb.htmlも参考になる。これらへの興味により、また実際的な課題を意識することにより、自然言語処理の能力を高めることができる。そうなると、「プログラミング」入門をはるかに超えて、データサイエンスあるいは自然言語理解などの具体的な領域に入ったことになり、そうした進展を期待したい。

Google Colaboratory と Jupyter

本書で使用しているColaboratoryには、ノートブックがあり、それを使って作業した。それはGoogleが供給しているクラウド上のものであり、利用しているパソコンやサーバその他で動作しているものではないし、作業場所もそうである。このノートブックを、自分のパソコン上などで作業したいのであれば、操作に互換性のある他のツールを使うことになる。Jupyter Notebookがそれである。歴史的な順番としては、Jupyter Notebookをクラウド上で使えるようにしたのが、Google Coloaboratoryである。Jupyter Notebookは、プログラムや説明の文章、実行結果などをまとめて管理できるツールである。「ジュパイターノートブック」または「ジュピターノートブック」と読む。後者の読み方が多い。Jupyter Notebookはオープンソースで公開されており、誰でも無料で利用することができる。メンテナンスは自分でする必要がある。WindowsやLinuxなどで使える。

Jupyter NotebookをPC上にセットアップするには、Anaconda開発環境パッケージを利用して、Jupyter Notebookだけでなく、Pythonでよく利用されるライブラリもまとめてインストールすると便利である。Anacondaからでなく、独自にインストールすることもできる。

Jupyter notebookは、Project Jupyterで開発されている。Wikipediaの表現を使えば、『Project Jupyterは、「数十のプログラミング言語にわたるインタラクティブコンピューティング用のオープンソースソフトウェア、オープンスタンダード、サービスを開発する」ために設立された非営利団体である。』

Project Jupyterは非営利組織として設立されていて、安定して利用できるようになっている。そのホームページは、https://jupyter.org/である。Jupyterでは、ノートブック機能の先にあるものとして、JupyterLabの開発が進められている。また、Jupyterでは、Pythonだけでなく、R言語や、Scalaなどにも対応している。

Anacondaのおそらく最新(の、あるいは、に近い)バージョンは、2020年7月のAnaconda3だろう。Anacondaには、個人無料利用バージョンと商用のための有償バージョンがある。

Anacondaは、Pythonの開発・実行のためのディストリビューションパッケージと考えるとよい。科学計算で使われるNumpyライブラリやJupyter notebookなどをまとめてインストールしてくれる。R言語の環境も用意されている。Windows, Linux, Macなどの実装がある。R

言語のプログラム開発も、Anacondaでできる。したがって、データサイエンスを志向する場合に、RであってもPythonであってもAnacondaを使おうとする場合がある。

　2021年7月になって、一つマシンが空いた。これをPython関係の開発マシンにしようと考えている。これを利用して次の原稿をまとめようかとも思案中である。同時に、口コミの内容を認識したい等々のリクエストはさまざまな所で耳にするようになった。軽いツールがほしくなる。NLPの素養は、まだまだ、さまざまに必要とされると実感している。本書がその分野へのステップとして役立てられることを願って筆を置く。

索引

著者紹介

井田 昌之 （いだ まさゆき）

青山学院大学名誉教授
工学博士

　1981年、青山学院大学大学院理工学研究科経営工学専攻博士課程修了、同年同大学理工学部助手、専任講師、助教授を経て、1988年同大学付属情報科学研究センタ研究教育開発室助教授としてキャンパスネットワーク構築。1995年同大学国際政治経済学部へ移籍。97年同学部教授、2001年同大学大学院国際マネジメント研究科教授としてITおよびネットビジネス・EC基盤を担当。2010年学校法人青山学院理事・副院長、2020年3月定年退職、その後、非常勤講師としてIT、Global IT、応用AI、E-Commerce関連科目を複数大学で担当、また、教育機関でのInstitutional Research指導にあたる。

　この間、1988年より6年間米国ANSI X3J13正員としてCommon Lisp規格制定に従事、1993年および2002年マサチューセッツ工科大学人工知能研究所客員教授、1999年Java言語仕様レビューア、フリーソフトウェア財団副理事長などを経験。商用言語処理系開発リーダ複数経験。2005年よりIAMSCU国際教育機関連盟理事を経験。この頃より、米国IT企業交流・起業支援ならびに新事業支援経験、ベトナムでのIT設計指導・大学教育経験多数、特に、2010年よりホーチミン自然科学大学、ハノイ工科大学にて正規科目を担当。JICA短期専門家として複数国でのIT最新技術導入を指導。

主要著書

『UNIX詳説』、丸善、1984（のちにLinux詳説として改訂、2004）
『Common Lisp』、共訳、編著、共立出版、初版1985、改訂版1991
『Common Lisp オブジェクトシステム』、共著、共立出版、1989
『キャンパスネットワーキング』、分担執筆、共立出版、1990
『AI白書』、分担執筆、コンピュータエージ社、1991
『Xウィンドウとその仲間たち』、分担執筆、共立出版、1992
『Lisp原書第3版』、共訳、培風館、1992
『はやわかりJava』、共立出版、1996
『HTML詳説』、共立出版、1999
『情報の表現』、岩波講座マルチメディア情報学分担執筆、岩波書店、2000
『オープンソースがなぜビジネスになるか』、共著、毎日コミュニケーションズ、2006
『Elements of Net Business Ethics』、Cogeime（英語）、2009

◎本書スタッフ
編集長：石井 沙知
編集：伊藤 雅英
表紙デザイン：tplot.inc 中沢 岳志
技術開発・システム支援：インプレス NextPublishing

●本書の内容についてのお問い合わせ先
近代科学社Digital　メール窓口
kdd-info@kindaikagaku.co.jp
件名に「『本書名』問い合わせ係」と明記してお送りください。
電話やFAX、郵便でのご質問にはお答えできません。返信までには、しばらくお時間をいただく場合があります。なお、本書の範囲を超えるご質問にはお答えしかねますので、あらかじめご了承ください。

●落丁・乱丁本はお手数ですが、（株）近代科学社までお送りください。送料弊社負担にてお取り替えさせていただきます。但し、古書店で購入されたものについてはお取り替えできません。

Python・Colab・NLP入門
PythonとGoogle Colaboratoryで
はじめる自然言語処理

2024年1月31日　初版発行Ver.1.0

著　者　井田 昌之
発行人　大塚 浩昭
発　行　近代科学社Digital
販　売　株式会社 近代科学社
　　　　〒101-0051
　　　　東京都千代田区神田神保町1丁目105番地
　　　　https://www.kindaikagaku.co.jp

印刷・製本　京葉流通倉庫株式会社
Printed in Japan

ISBN978-4-7649-0680-8

近代科学社 Digital は、株式会社近代科学社が推進する21世紀型の理工系出版レーベルです。デジタルパワーを積極活用することで、オンデマンド型のスピーディでサステナブルな出版モデルを提案します。

近代科学社 Digital は株式会社インプレス R&D が開発したデジタルファースト出版プラットフォーム "NextPublishing" との協業で実現しています。